♥別冊《べっさつ》フレンド編集部《へんしゅうぶ》では、雑誌《ざっし》「別冊《べっさつ》フレンド」に掲載《けいさい》された作品《さくひん》を中心《ちゅうしん》に、「KC《ケーシー》別《べつ》フレ」「KC《ケーシー》デラックス」として単行本化《たんこうぼんか》しています。

♥あなたが今《いま》まで読《よ》んだ漫画《まんが》の中《なか》で、KC《ケーシー》にしてほしい作品《さくひん》、また、KC《ケーシー》全体《ぜんたい》についてのご意見《いけん》、ご要望《ようぼう》がありましたら、左記《さき》までお知《し》らせください。

■あて先／〒151-8680
東京代々木郵便局　私書箱53号
別冊フレンド編集部「KC」係

♥この本《ほん》を読《よ》んだご感想《かんそう》などは、左記《さき》までにお送《おく》りいただければうれしく思《おも》います。

■あて先／〒151-8680
東京代々木郵便局　私書箱53号
別冊フレンド編集部「桜井まちこ」様

※なお、お送《おく》りいただいたお手紙《てがみ》・おハガキは、ご記入《きにゅう》いただいた個人情報《こじんじょうほう》を含《ふく》めて著者《ちょしゃ》にお渡《わた》しすることがありますので、あらかじめご了承《りょうしょう》のうえ、お送《おく》りください。

N.D.C.726　175p　18cm

講談社コミックスB　1525巻
minima!《ミニマ》 2
2007年5月11日　第1刷発行
（定価はカバーに表示してあります）

著者　桜《さくら》井《い》まちこ
発行者　五十嵐隆夫
発行所　株式会社　講談社
東京都文京区音羽2-12-21
（郵便番号112-8001）
〈電話〉
編集部　03（5395）3482
販売部　03（5395）3608
印刷所　凸版印刷株式会社
本文製版所　豊国印刷株式会社
製本所　凸版印刷株式会社

■落丁本・乱丁本は購入書店名を明記のうえ、小社業務部宛にお送りください。送料小社負担にてお取り替えいたします。〈電話　03（5395）3603〉
なお、この本についてのお問い合わせは、別冊フレンド編集部宛にお願いいたします。

ISBN978-4-06-341525-4　Printed in Japan

恋《こい》する気《き》持《も》ちがあふれだす,

[H-ラブトーク-]

「H」《エイチ》番外編《ばんがいへん》2作《さく》+α《アルファ》のDEEP《ディープ》なサクライ・ワールド。

[H-エイチ-<全《ぜん》6巻《かん》>]

ホントの恋《こい》を求《もと》めつづけるサクライの「たったひとつ探《さが》し」。

[好《す》きな人《ひと》。]

恋愛指数《れんあいしすう》120%《パーセント》のセンチメンタル・ラブKC《ケーシー》。

and

[12/24.好《す》きな人《ひと》。]

切《せつ》なすぎる、「好《す》きな人《ひと》。」の姫《ひめ》と平《へい》の中学時代《ちゅうがくじだい》。

桜《さくら》井《い》まちこのKC《ケーシー》シリーズ!!

[minima《ミニマ》!❶~❷]

主役《しゅやく》はおもちゃ?
極悪《ごくあく》キュートな最新KC《さいしんケーシー》。

全国書店《ぜんこくしょてん》にて
大好評発売中《だいこうひょうはつばいちゅう》!

minima《ミニマ》!の
最新《さいしん》ストーリーは
毎月《まいつき》13日発売《にちはつばい》
別冊《べつさつ》フレンドで
よろしくね♥

[ハニィ<全《ぜん》3巻《かん》>]

とびきり元気《げんき》で切《せつ》ない
ホンキの学園《がくえん》ラブ。

[WARNING《ウオーニング》]

サクライの魅力《みりょく》がつまった
珠玉《しゅぎょく》の読《よ》み切《き》り集《しゅう》。

「H—エイチ—」全《ぜん》6巻《かん》
桜《さくら》井《い》まちこ
&
番《ばん》外《がい》編《へん》2作《さく》+読《よ》みきり
欲しくない。
手に入らない人。
簡単な
恋なんか
できない。
きかない。
手を繋ぐ。
前に進める。

教師《きょうし》でホスト
絶対《ぜったい》に手《て》に入《はい》らない人《ひと》。
転校生《てんこうせい》、忍《しのぶ》は担任教師《たんにんきょうし》である太一《たいち》に反発《はんぱつ》しながらも惹《ひ》かれていく。
だが太一《たいち》は、夜《よる》はホストという顔《かお》を持《も》っていた。
誰《だれ》もが寂《さび》しさを抱《かか》えながらホントの愛《あい》を求《もと》め続《つづ》ける、
サクライの〝たったひとつ〟探《さが》し、大《だい》ヒットKC《ケーシー》シリーズ!
「H《エイチ》—ラブトーク—」
作品《さくひん》「クレバス」収録《しゅうろく》のDEEP《ディープ》なサクライ・ワールド!
H
桜井まちこ
「H」の世界が2倍楽しめる!

minima!
ミニマ
桜《さく》井《い》まちこ
片思《かたおも》いの末《すえ》に、やっと言葉《ことば》を交《か》わす関係《かんけい》になれた笹木《ささき》くんが転校《てんこう》！
大《だい》ショックを受《う》けているアメちゃんを前《まえ》に、ニコリはどうする!?
おもちゃがはじけるPOP《ポップ》連《れん》載《さい》、
大《だい》人《にん》気《き》掲《けい》載《さい》中《ちゅう》!!
見逃《みのが》せない急《きゅう》展《てん》開《かい》&《アンド》超《ちょう》絶《ぜつ》キュートなキャラクター満《まん》載《さい》の

ニコリはアメちゃんを救《すく》えるか!?
恋《こい》と友情《ゆうじょう》でこんがらがった糸《いと》……。
片思《かたおも》いのあの人《ひと》が転校《てんこう》!?
別冊《べっさつ》フレンドは毎月《まいつき》13日発売《にちはつばい》!
minima!《ミニマ》 最新《さいしん》ストーリーは別冊《べっさつ》フレンドで♥

先日、永野玩具製作所の永野義治さんに会いに
宇都宮の工房にお邪魔させて頂きました。
永野さんの作ったぬいぐるみのすごさは私なんぞが何か言うより
永野さんが作ったぬいぐるみを見て頂ければ一目瞭然なので
永野さんが気に入ってらっしゃる猫のぬいぐるみの写真を
掲載させて頂きました。

下のブタのぬいぐるみも、永野さんの作品を描かせて頂きました。
もっとずっとかわいいです。
なんでこんなかわいい作品が作れるんだろうと
不思議だったんですが、簡単な事で、高い技術はモチロン
惜しみない愛があるからでした。

89歳になってもなお、溢れる愛と情熱に目の覚める思いでした。
すんげー格好よかったです。

thanks
nagano tomoharu
nagano aki

ichikawa kazuko
uyama ayumi

nofofon-bears
poepoe

sakurai machiko.

thanks!

akimizu makoto
harui u★7

my family
my friends

izawa mine
ikumi yu-ko
miyazaki asami

&

you!

http://sakuraimachiko.blog101.fc2.com/

ありがと

「言《い》っても言《い》わなくても
おなじ」だなんて
言《い》わないで………
minima!《ミニマ》②おわり

■発表誌…別冊フレンド　2007年1〜2・4〜5月号

……笹木《ささき》くん……!!
……写真《しゃしん》じゃなくて……「しゃべろう」って……言《い》ってくれたよね……!?

ガザザッ
おわーー!!
ひっかかった!!
ちょっとあんた なにしてんのよ ウチの商品《しょうひん》!!
えっ ていうかアレ ニコリじゃね!?
助《たす》けて アメちゃーん!!

ニコリ!!
なたしてれのっ
ちょっと待《ま》っ……
ズザザ
ふわ
ふわ
きゃあ!!
痛《いた》……

てめ――このやろー!!
ふわり
ふわり
出《で》てこいやぁ!!
ふわ
人《ひと》が…人《ひと》がわざわざ足運《あしはこ》んでんのに話《はな》も聞《き》かないで……
ふわ
てめーそれでも男かー―!!
……ニッ

さーさーきィー!!
あ
わ
だっ
ぱっ
ふ

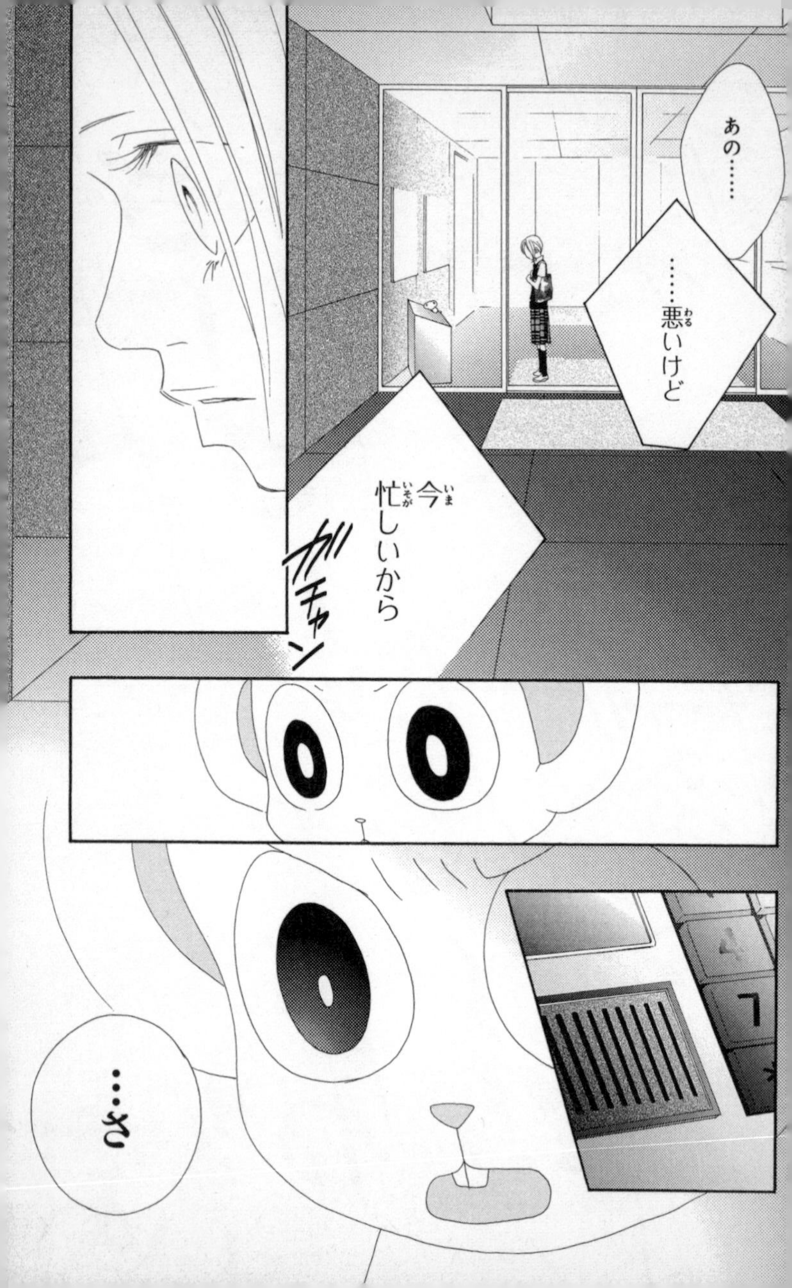
あの……
……悪《わる》いけど
今《いま》忙《いそが》しいから
ガチャン
…さ

あっ 笹木《ささき》!? オレオレ ニコリ!!
……え… ニコリ?
そーそー オレオレ 開《あ》けてよ
なんで……
アメちゃんも 一緒《いっしょ》!! ねっ アメちゃん!!
……あ……

ここが 笹木《ささき》ん家《ち》……
いいマンションや〜ん
この番号《ばんごう》押《お》せばいいのかな?
……え——っと 5・0・5っと!!
ポチ ポチ ポチ
……あ
ピンポーン
カルチャ
……はい

行《い》こう アメちゃん
505
605
笹木
506
606
……おお〜……

声《こえ》を出《だ》せば届《とど》くのに

オレのこと「捨《す》てない」って…
この家《いえ》に連《つ》れてきてくれたよ
「なに言《い》ったって届《とど》かない」なんて……
笹木《ささき》とおなじじゃんかっ
なんだよ2人《ふたり》して……
人間同士《にんげんどうし》なのに

……オレも……
ずっとそう思《おも》ってた……
でもオレの声《こえ》はアメちゃんに届《とど》いたよ

……あたしが なに言《い》ったって 届《とど》かない……
どーせ オレなんて……
SALE

え…でも ちょっと遠《とお》いよ…?
こっからだと…… 歩《ある》いて30分《ぷん》… くらい…?
もっとかも…
アメちゃんっ 今《いま》なら30分《ぷん》 だよっ!?
ほら、早く…
…行《い》って どうなるの…?
……え…
だから 笹木《ささき》に……
笹木《ささき》くんにとっては あたしなんて いなくなっても 「騒《さわ》いでもしょーがない」 相手《あいて》なんだよ……?

笹木《ささき》にお願《ねが》いしにいこうよっ
「仲《なか》よくしよう」って!!
「転校《てんこう》しても遊《あそ》ぼう」って!!
……笹木《ささき》ん家《ち》……
笹木《ささき》ん家《ち》ってどこ!?
……え……
笹木《ささき》ん家《ち》行《い》ってくる!! 圭《ケイ》ちょっと待《ま》ってて!!

……せっかく
しゃべれるように
なったのに………
……さ……

……言《い》ってどうなることでも……
……「言《い》っても言《い》わなくてもおなじ」だって……
せっかく おなじクラスなんだから
しゃべんない?

……笹木《ささき》くん
転校《てんこう》しちゃう……
……だ…
大丈夫《だいじょうぶ》だって
アメちゃん!!
転校《てんこう》ったって来年《らいねん》の
3月《がつ》でしょ!?
まだまだ時間《じかん》あるし
東京《とうきょう》なら…
飛行機《ひこうき》で…1時間《じかん》
くらい? だし!!
いつでも
会《あ》えるって……
………もう
「会《あ》うことも
なくなる」って……

……アメちゃん？
どうしたの……？
……ニコリ……

ほら なんか物腰柔《ものごしやわ》らか
そーなとこと……
あ……
……あ……
か……
あ―― 似《に》てる 似《に》てる!! 似《に》てるかも!!
ぶふーっ
似《に》てるよ!! 笹木《ささき》とお父《とう》さん!!
そーそー笹木《ささき》!!
ぷぷぷぷ
ニ…ニコリ…
ぶはっ
似《に》てるー!! キャラは全《ぜん》っ然《ぜん》違《ちが》うけど!! 笹木《ささき》!!
お父《とう》さんが小《ちい》さいころ笹木《ささき》みたいだったのかな――?
ねーアメちゃん見《み》てみたいねー
写真とかないのかなー

……あれ？
お友達《ともだち》？
めずらしい……
えっ⁉
お兄《にい》ちゃんじゃ
ないの⁉
あっはっは——
よく言《い》われる〜
あっ
おじゃま
してまーす
今日《きょう》泊《と》まって
くから……
お父《とう》さん
クラスメイトの
圭《ケイ》ちゃん
おとうさん⁉
ああんじゃ
夕飯《ゆうはん》いるんだ？
了解《りょうかい》〜
ごゆっくり〜
パターン
はぶ
はぶ
…いっいいな〜〜
あんな若《わか》い
お父《とう》さん‼
一緒《いっしょ》にいて
ウッカリドキドキ
したりしない⁉
うちの父さんなんてっ
あはっ
しないよー
あっ
でもちょっと
笹木《ささき》に似《に》てない⁉
雰囲気《ふんいき》‼

ていうか
人形《にんぎょう》ってもげても
体《からだ》動《うご》くの？
あ～
パーツ同士《どうし》が
少《すこ》しでも接触《せっしょく》
してれば大丈夫《だいじょうぶ》
みたいよ
はい
もげたときとか
縫《ぬ》ってるときは？
痛《いた》くないの？
オレらもともと
縫《ぬ》われてできて
るしね
ポシ
ポシ
あ、そっか
縫《ぬ》ってる最中《さいちゅう》
痛《いた》かったら大変《たいへん》
だよね――
……あ
そっか
それであんな
なつかしい夢《ゆめ》
見《み》たのかも
夢《ゆめ》？
うん
オレらが
生《う》まれた工場《こうじょう》の
おっちゃんと
おばちゃんの夢《ゆめ》
ほら
死《し》ぬ間際《まぎわ》って
今《いま》までの人生《じんせい》が
走馬灯《そうまとう》のように
甦《よみがえ》るんでしょ？
走馬灯《そうまとう》？
なにそれ
ガチャッ
飴《アメ》？
帰《かえ》ってるのか？

うん そう 入って入って
あれっ? 圭《ケイ》だっ
なんで?
パタッ
へ〜〜〜 キレイにしてるね〜
圭《ケイ》ちゃん お菓子《かし》開《あ》けちゃってもいい?
あ—— ニコリ〜 あたし今日《きょう》お泊《と》まりだから♡ よろしく——
……
うん 開《あ》けよ 開《あ》けよ
ああ〜〜〜 なにしてんのアメちゃん!!
いっ い——って! いーって!! 袋《ふくろ》のまま食《た》べよ!!
ご… ごめ……
……?
あ、そーだ ニコリ首《くび》もげたんだって 大丈夫《だいじょうぶ》!?

彼《かれ》とは おわったの……
あたしは彼《かれ》には ふさわしくない女《おんな》 だった……それだけよ
ふざけるなよ!! そんなこと 今《いま》さら……
オレが…あのとき どんな想《おも》いで おまえを諦《あきら》めたと思《おも》ってるんだ……!!
…えっ!? な…なにを 言《い》いだすの!? 急《きゅう》に!!
急《きゅう》なもんか!! オレは…オレは ずっとまえから おまえを……っ!!
ジャーン
恋の坩堝《るつぼ》 つづく
……………こ……
これが『恋《こい》』……
……
ジャジャジャジャーン
しっかし わっかんねーなー
なんで男《おとこ》も女《おんな》も あそこで身《み》を引くわけ?
お…おなかでも痛《いた》かったんじゃないかな……
ガチャッ
ここ? アメちゃんの部屋《へや》って

…………
いらっしゃいませ――
2千980円《えん》になりまーす
……もう
いいのよ……

2年《ねん》になったら 転校《てんこう》するから
……アメちゃんっ 今日《きょう》アメちゃん家《ち》 泊《と》まり行《い》ってもいい?
……え……? あ…… ううん…
今日《きょう》 ウチの親《おや》帰《かえ》り遅《おそ》くてさ—— 家《いえ》で1人《ひとり》でいてもヒマだし アメちゃん家《ち》も行《い》ってみたいし—— ダメ?
やった♡ んじゃ お菓子《かし》とか買《か》い出《だ》しして帰《かえ》ろ♡
んじゃ早《はや》くそれ買《か》っちゃって!!
あ… うん

あっ
コレいんじゃない？
緑《みどり》のシャツ!!
……アメちゃん……
ねえ
アメちゃ……
ん……
それ
パンツ……
わあっ
あぁあ…
びっくり…
あっ
それ
かわいいね!!
緑《みどり》に似合《にあ》い
そう……
緑《みどり》に……
HAPPY
DANDYISM

おめー知《し》らねーの？それ『恋《こい》』ってゆんだぜ？
ふふん
え？
こ、『恋《こい》』？
な、なにそれ……
ちっげーーよ!! チョコとかオレらオモチャとかとはまた別《べつ》の『好《す》き』なの!!
あ、オレに限っては特別な好きだけどね
？？？？？
だからっ好《す》きな奴《やつ》のことだって!!
……えーーっと……アレだ。
す……『好《す》き』ってことだよ
しどろもどろ
『好《す》き』？
ああアメちゃんチョコ好《す》きでよく食《た》べてるけど……
え？さ、笹木《ささき》が『恋《こい》』ってこと??
う、うぜー
ニリっ
？？？？
うぜ～
結局《けっきょく》緑《みどり》戻《もど》ってこなかったね――……
授業サボるなんて…

学校《がっこう》から帰《かえ》ってきても外《そと》遊《あそ》びにいったり友達《ともだち》が家《いえ》に遊《あそ》びにきたりっていうのもあんまりなかったし……
……あ、さ、最近《さいきん》は手帳《てちょう》の写真《しゃしん》眺《なが》めてため息《いき》ついたり
よくしてた
手帳《てちょう》？
ああ、笹木《ささき》の写真《しゃしん》？
その写真 今は手帳の中にないみたいだけど
そ、そうそう「笹木《ささき》くん」

なんだよ だらしね～な～ おめ～はよ～
スリスリ スリスリ
……ニッ……
ニコリ!! よっよく無事《ぶじ》だったな!!
すーすげー!!
ま～な～
それに アメちゃんも 体張《からだは》って助《たす》けて くれたしな～
……えっ……？ アメちゃんが？
そう ほらなんたってオレ 『特別《とくべつ》』な家族《かぞく》 だから――……
……
へ、へ～～～～!! ア、アメちゃん 変《か》わったんだな!!
まっ、まえは誘拐犯《ゆうかいはん》に 立《た》ち向《む》かうどころか 友達《ともだち》にも話《はな》しかけれなくて
よく みんなが外《そと》で 遊《あそ》んでるの 部屋《へや》から眺《なが》めてる だけだったのに

おっと!!
動《うご》いたら
落《お》ちるぜ…!?
………っっっ!!
そう言《い》うと
その誘拐犯《ゆうかいはん》は
オレの喉元《のどもと》に
ナイフを突《つ》きつけ
こう言《い》った!!
なにが
入《はい》ってんの
こん中《なか》に
がくっ
あれ?
おーい
トリー
スルッ
あっ
やべっ
ドサッ

ガタッ
ガタン
……どうだ？
眺《なが》めは………

……ダチだと思《おも》ってたのオレらのほうだけだったんだな………
緑《みどり》……
ガタン
ガラララ
バサッ
ガタン…

ガッ
きゃあっ
ガタッガタガタ
緑《みどり》!!
バカ……

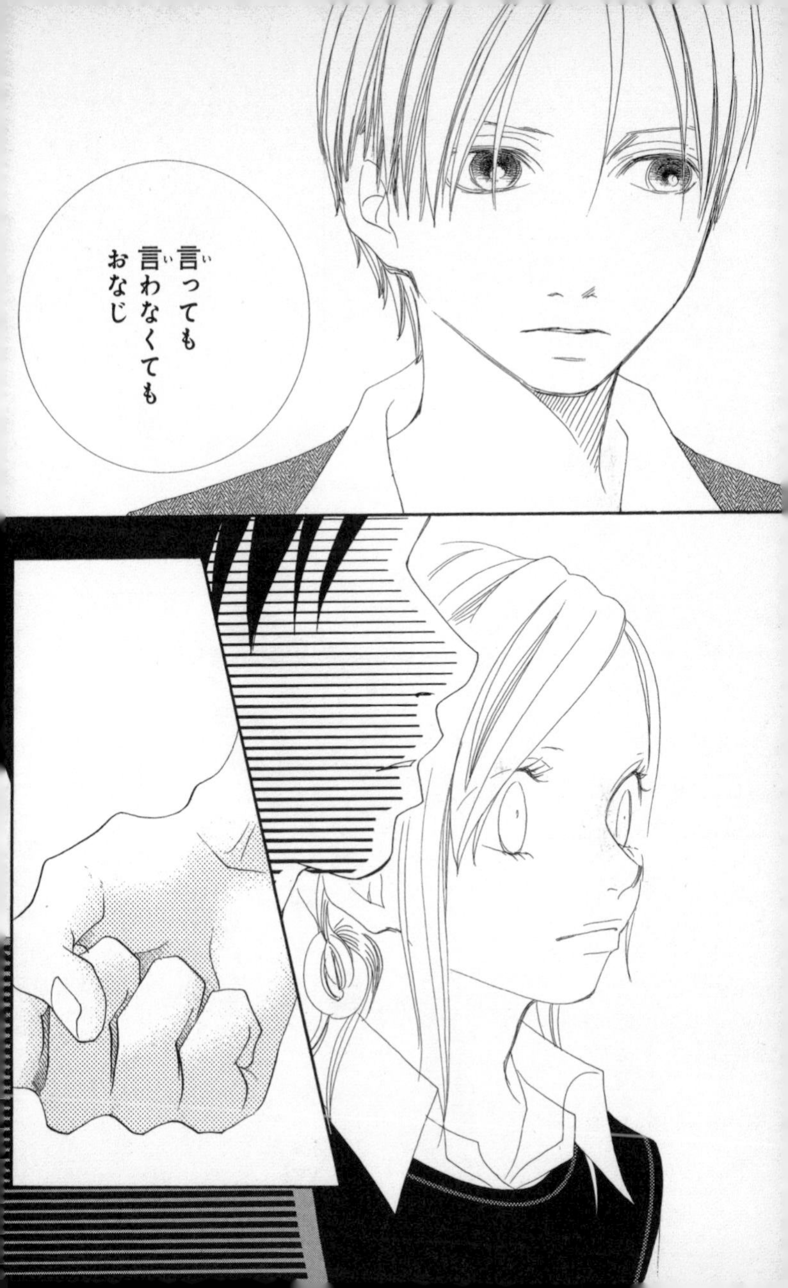
言《い》っても
言《い》わなくても
おなじ

……1年《ねん》がおわったら
来年《らいねん》の3月《がつ》に親《おや》が東京《とうきょう》に転勤《てんきん》になるんだ
中学《ちゅうがく》上《あ》がるまえから決《き》まってた
……そんなまえから決《き》まってたんならなんでもっと早《はや》く言《い》わねんだよ!!
ガタン
言《い》ってどうなることでもないだろ

……転校《てんこう》……？
……なんだよそれ……

Stage : 8

オレ 2年《ねん》になったら 転校《てんこう》するから

どう思《おも》って
くれてもいいよ
事実《じじつ》だし
どーせ もうすぐ
会《あ》うことも
なくなるだろうし

……べつに

こいつ おめーが誘拐《ゆうかい》されてんのに
「騒《さわ》いでもしょーがねェからほっとけ」ったんだぞ!!

…緑《みどり》!!
……てめ……
なんなんだよ いきなり…
てめェ そんな奴《やつ》 だったのかよ!!
ちょっ…
ちょっと緑《みどり》!!
やめ……
やめなよ
なにしてんのよ!!
笹木《ささき》く……
うるせェ!!
こんな奴《やつ》 かばってんじゃねェよ!!

ガタッ
…緑《みどり》!!
やめなって緑《みどり》!!
だれがどう思《おも》おうと自由《じゆう》だろ
押《お》しつけんなよ

……とりあえず きのうのこと 謝《あやま》れや
……謝《あやま》る？
オレ なんか したっけ？
結局《けっきょく》 及川《おいかわ》も 無事《ぶじ》だったんだし べつに いいだろ
HARM

……おい 圭《ケイ》っ!!
グイッ
おめーきのうマサヒロが電話《でんわ》で言《い》ったことアメに言《い》ってねェだろ――な!!
コリ コリ
……?
…言《い》えるわけないじゃんっ
ボリ ボリ
それより緑《みどり》こそ笹木《ささき》といつもどおりにしないとアメちゃん気《き》にするよっ
ヒリ ヒリ
………
…………

おはよ おはよ おはよ おはよ おはよ おはよ
……
おーーす
…ふい
ムカア
ガタッ
緑《みどり》っ おはよう!!
おちついて!!
ガタタタッ
……
……緑《みどり》?
なに? どうしたの?

……あ おっ
ガタンッ
…おはよう 笹木《ささき》くんっ
……おはよ……
カタ…
おはよ

そっか それでニコリ置《お》いてきたんだ―― 正解《せいかい》かもねー
ごめんね圭《ケイ》ちゃん… 心配《しんぱい》かけて……
ほんとさ も～～～ 心配《しんぱい》したなんてモンじゃないよ!!
あ…… そうだ圭《ケイ》ちゃん 今日《きょう》放課後《ほうかご》ヒマ?
緑《みどり》もすごかったんだから カオ真《ま》っ青《さお》!!
ちょっと買《か》い物《もの》つきあってほしいんだけど……
いーよ いーよ なに買《か》うの?
緑《みどり》にシャツ……
ガラッ
シャツ?

えっと
忘れモノないかな
なんで!?
絶好調だっつってんじゃん!!
しばらくは家《いえ》でおとなしくしててよ
外《そと》は危《あぶ》ないんだから
今度は首もげるだけじゃすまないかもよ?
じゃあね?
バタンッ
ガーン…
あれ?
ニコリ置《お》いてかれちゃったの?
ピクッ

とくべつ
ニコリー どう？ 首《くび》の調子《ちょうし》
絶好調《ぜっこうちょう》♡
うっとり
そっかー よかったー
あ、もう 学校《がっこう》行《い》く？ オレもう 準備《じゅんび》できて……
じゃあ 留守番《るすばん》 よろしくね

よかったな ニコリ
「家族《かぞく》」って 一番《いちばん》「特別《とくべつ》」 じゃんよ

はーい……
あとっ ニコリ!!
はい。
遊園地《ゆうえんち》の件《けん》は断《ことわ》っておいたからね
?遊園地《ゆうえんち》……?
なんのこと?
あっ そーそー
スカウト!?
なにそれっ
ニコリ遊園地《ゆうえんち》にスカウトされてよ――
ニコリは家《うち》の「家族《かぞく》」だ家族《かぞく》は一緒《いっしょ》にいなきゃいけない

連絡《れんらく》もしないで!!
突然《とつぜん》なにも言《い》わずに飛《と》び出《だ》して!!
こんな遅くに!!
風邪《かぜ》ひくでしょ!!
お母さんこわい…
さっさとお風呂《ふろ》入《はい》りなさい!!
縁もっ!!
だっ…だってオレら誘拐《ゆうかい》……
ニコリ!!
シッ!!
rescue
へへ
へへ
……もっ……もう……会《あ》えないかと思《おも》った……
よかったわねあなた〜
アメちゃんっこの人誰!?
なんでオレまでっ
お父さん…本当のこと知ったらたぶん死んじゃう…
rescue
今度《こんど》からはっ…
ちゃんと電話《でんわ》なり伝言《でんごん》なり連絡《れんらく》しなさいねっ
わかった!?

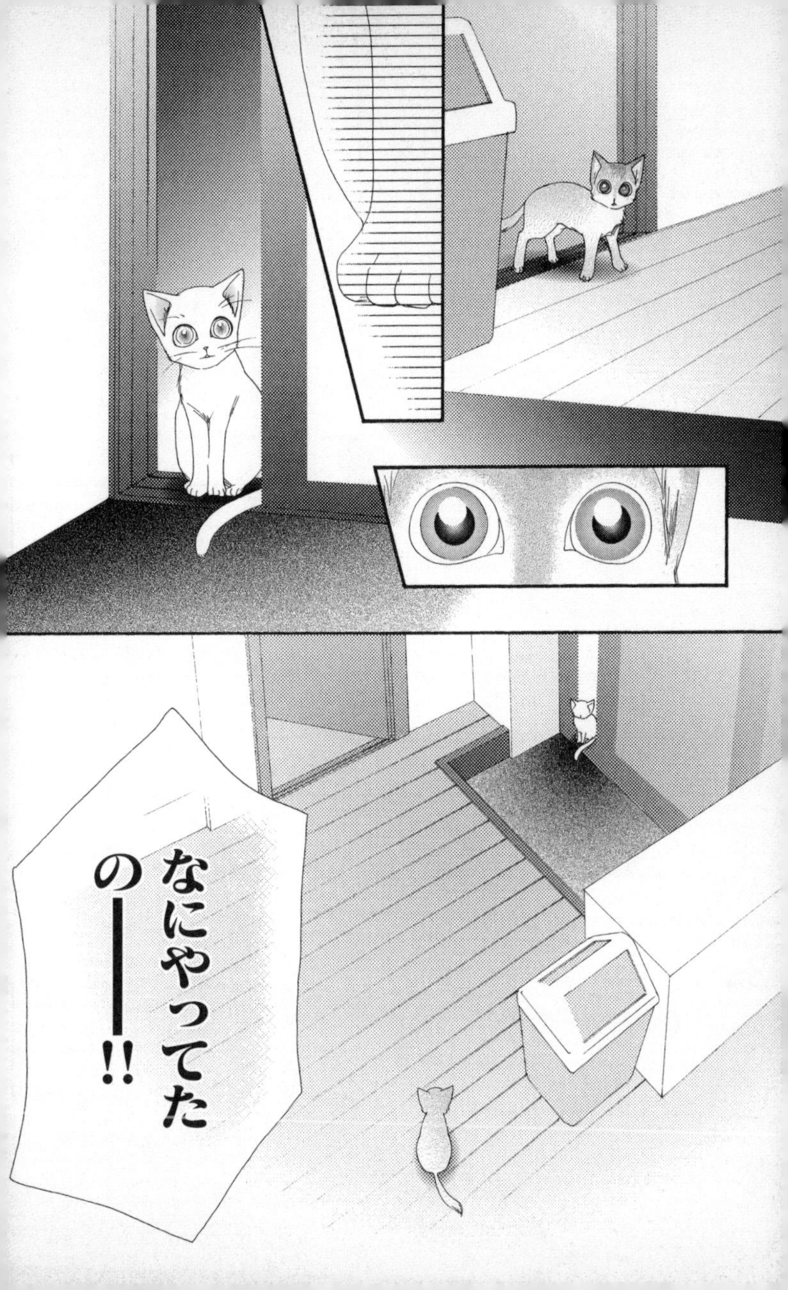
なにやってたの──!!

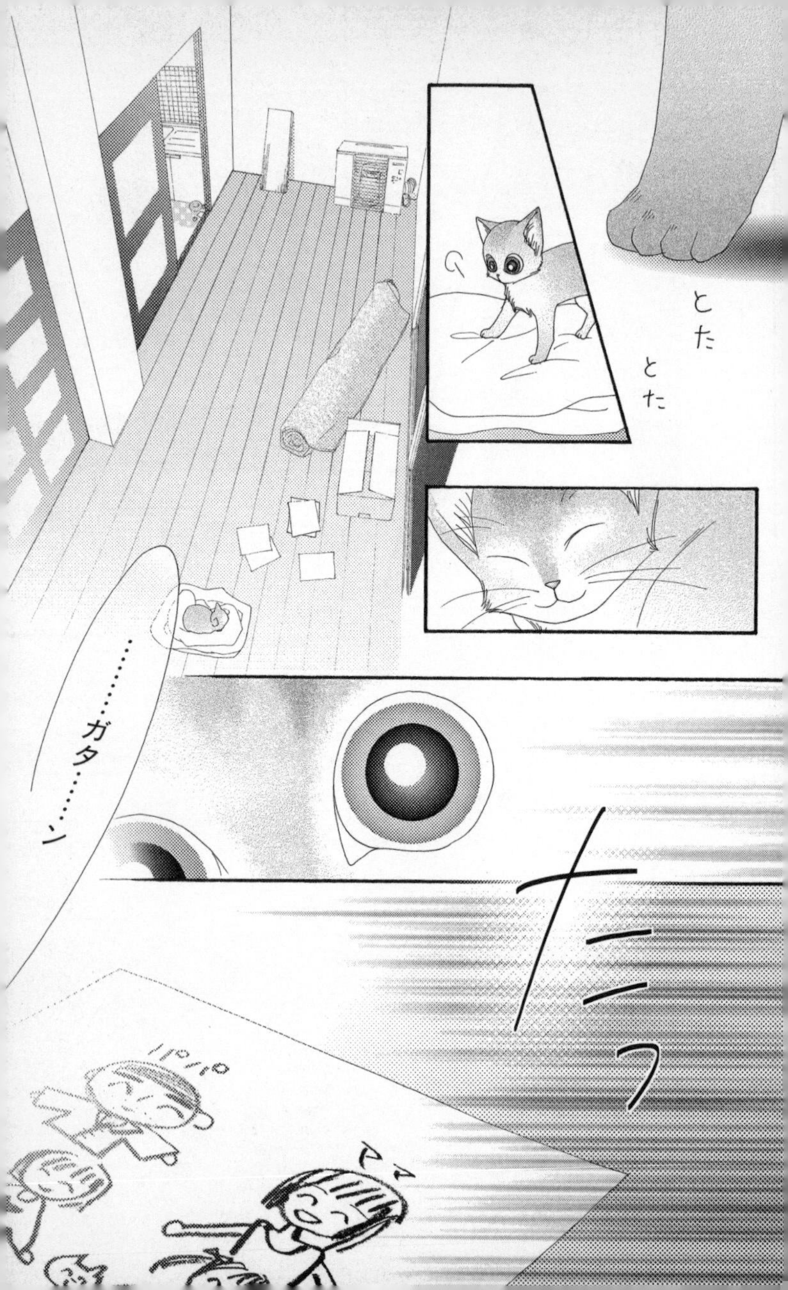
とた
とた
……ガタ……ン

いや――― しかしびっくりしたな しゃべる人形《にんぎょう》て……
なぁ?
じゃあ 私《わたし》も帰《かえ》るな
グルグルグルグル
またな
パタン

アメちゃんっ
はっ…
早く帰《かえ》んないと…お母《かあ》さん心配《しんぱい》してるよ…？
…帰《かえ》ろ…？

ニャ
……アッ
たっ

離《はな》れたくなかった
気持《きも》ちは猫《こいつ》と
おなじなんだ
ガララ
じゃあオレらも
時間《じかん》あったら
ときどき見《み》にくるわ
ああ　いつでも
来《き》てやって
ボロイ家《いえ》だし
当分《とうぶん》買《か》い手《て》も
つかないだろうからし
カギも壊れちゃってるし
……

この家《いえ》にある毛布《もうふ》も爪《つめ》とぎもトイレもエサ皿《ざら》もここの子供《こども》たちが残《のこ》していったんだ
泣《な》きながら
……まぁ……捨《す》てたことには変《か》わりないし
また勝手《かって》を言《い》うようだけど……
パパ
汲《く》んでやってくれないか？

ニコリのバカッ!!
……あ――――……え――――……っと
普段《ふだん》はおとなしい奴《やつ》なんだけど………
その…
ははっ
ケンカができるのは関係《かんけい》がいい証拠《しょうこ》だよ
いい事だ!!
ニコリ君《くん》

……っ……す
「捨《す》てる」とか
「どーーせ」とかっ……
…そっちこそ勝手《かって》なこと言《い》わないでよっ
ちょっとしゃべれるからって……
人間《こっち》にだって都合《つごう》あるんだからっ

……あたし……
そんなこと言《い》ったことある……？

…どーせ オレなんて「特別《とくべつ》」じゃないし……
捨《す》てる手間《てま》はぶけたでしょ…？

……オレ
ここでこいつと
一緒《いっしょ》に住《す》む……

こんな……
だれもいない… だれも帰《かえ》ってこない……
テレビもない 真《ま》っ暗《くら》な家《いえ》……
人間《にんげん》に都合《つごう》よく勝手《かって》なこと言《い》うなよなっ!!
黙《だま》って気《き》づかないフリが どんだけ辛《つら》いか………

こいつがこの生活《せいかつ》を選《えら》んだんだよ
……だれが　こんな生活《せいかつ》選《えら》ぶんだよ………

ああ 頼《たの》まれて この 猫《ねこ》の様子《ようす》 たまに 見《み》にきてるんだ
ちなみに今のは 毛玉ゲロッてた だけだよ
この家《いえ》に住《す》んでた 一番下《いちばんした》の子《こ》が喘息《ぜんそく》に かかって 環境《かんきょう》変《か》え なきゃならなくなって 引《ひ》っ越《こ》しちゃってな
え それで猫《ねこ》 ほったらかし かよ
いや…… 新《あたら》しい飼《か》い主《ぬし》も 見《み》つかって引《ひ》き取《と》りに きたんだけど……
逃《に》げまわって 噛《か》みつくわ 引《ひ》っ掻《か》くわ…
やっと連《つ》れてったと 思《おも》ったら脱走《だっそう》して また この家《いえ》に 戻《もど》ってきてたらしい

ギャー
どっ 泥棒《どろぼう》!!
強盗《ごうとう》!!
猫《ねこ》を放《はな》せっ
えっ 強盗!?
ヒビ!?
…そっ…
それ なんていう 動物《どうぶつ》!?
来るな
人形《にんぎょう》だ バカヤロ――――!!
獣医《じゅうい》?

ねっ
ねーーがっ
死《し》ぬ!!
たすけてっ

あんだよ ニコリ殴《なぐ》ったの まだ 気《き》にしてんのかよ
気《き》にすんなって
あいつだって 男《おとこ》なんだし 拳《こぶし》の1発《ぱつ》や 2発《はつ》屁《へ》でも ねェって
屁《へ》で……
も……
ちゃーん

…アメちゃ———ん!
ちゃーん
ちゃーん
ちゃーん
……っかしーな——
たしかにこっちのほうに入《はい》ってくの見《み》えたんだけどな——
なぁアメ……
もーーん
……………

ゲッ
ゲッ
ゲッ
……え？
なんだよ…
どうしたの!?
おいっ
猫《ねこ》っ
ね……
ガエッ
!!
……あ
……アメちゃ…

…ぼー
……アメちゃん？
あれ？
ここ……どこ？
……あ
そっか 猫《ねこ》ん家《ち》……
……猫《ねこ》？

あ
おっちゃん……
……ん？

Stage : 7

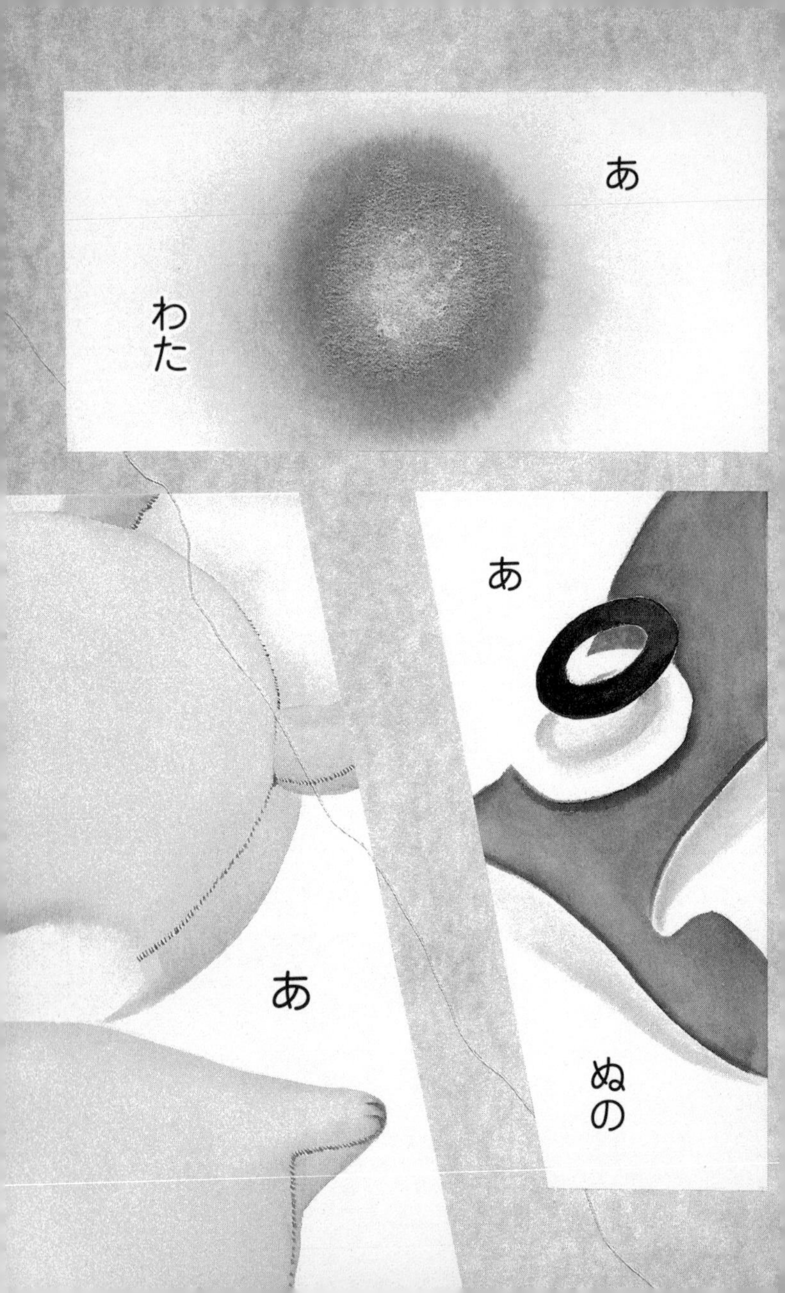
あ
わた
あ
ぬの
あ

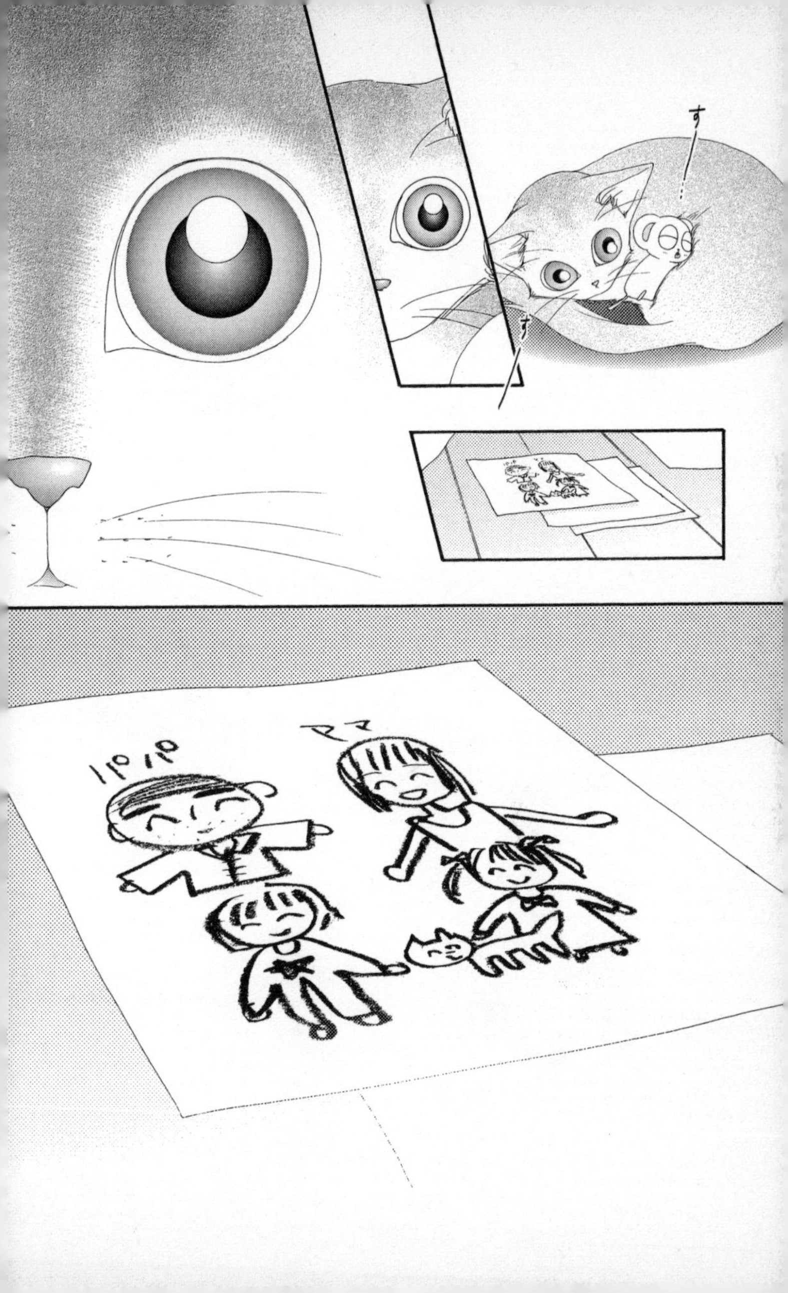
す―…
す―
パパ
ママ

ほんとは………
……うれしかったんだ………

……ごめんな
ふんづけちゃって……

……なっ
なに!?
すり
すり
すり
グルルルルルル
ふかっ

……なんでだよっ
おまえ捨《す》てられたんだぞ!?
……なのに……
うっ
……なんでっ……
うううう

「ごめんね」だっ
あやまるくらいなら飼《か》うなっ!!
買《か》うな!!
作《つく》るなーー!!
コロン

ニンゲン!!
ふざけやがってェ〜
くっそオ〜
人形《にんぎょう》なめんなア〜
ピ
ガ
せっかく助《たす》けにいったのになんだあの態度《たいど》——!!
アメエエエ
キュウ
…なにが
おいていって
ごめんな
ごめんなさい
ごめんな

全然《ぜんぜん》 売《う》れないっすけど
場所《ばしょ》ばっか とるな——
あーそれ セールに なったから
それでも残《のこ》ったら あとは処分《しょぶん》で——
…………う……
うぅぅ ぅううぅぅ

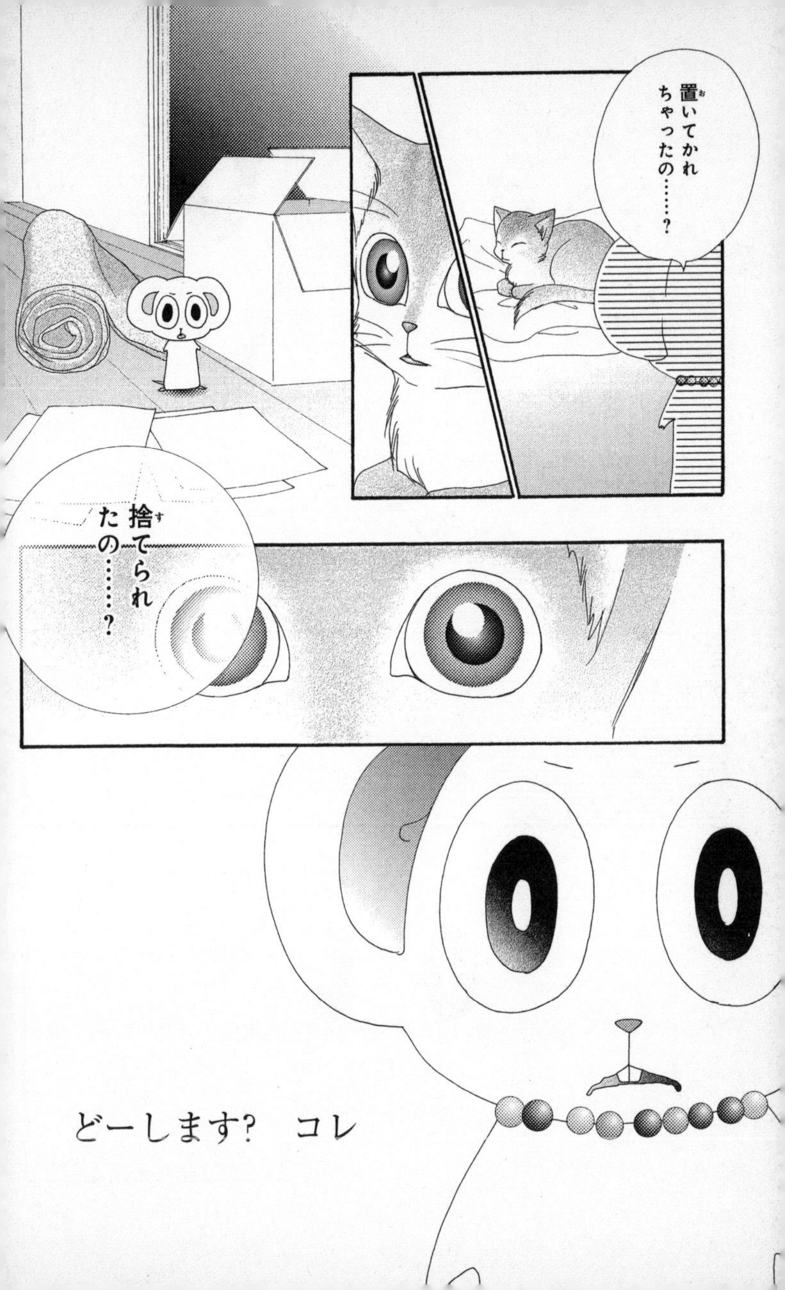
置《お》いてかれちゃったの……？
捨《す》てられたの……？
どーします？　コレ

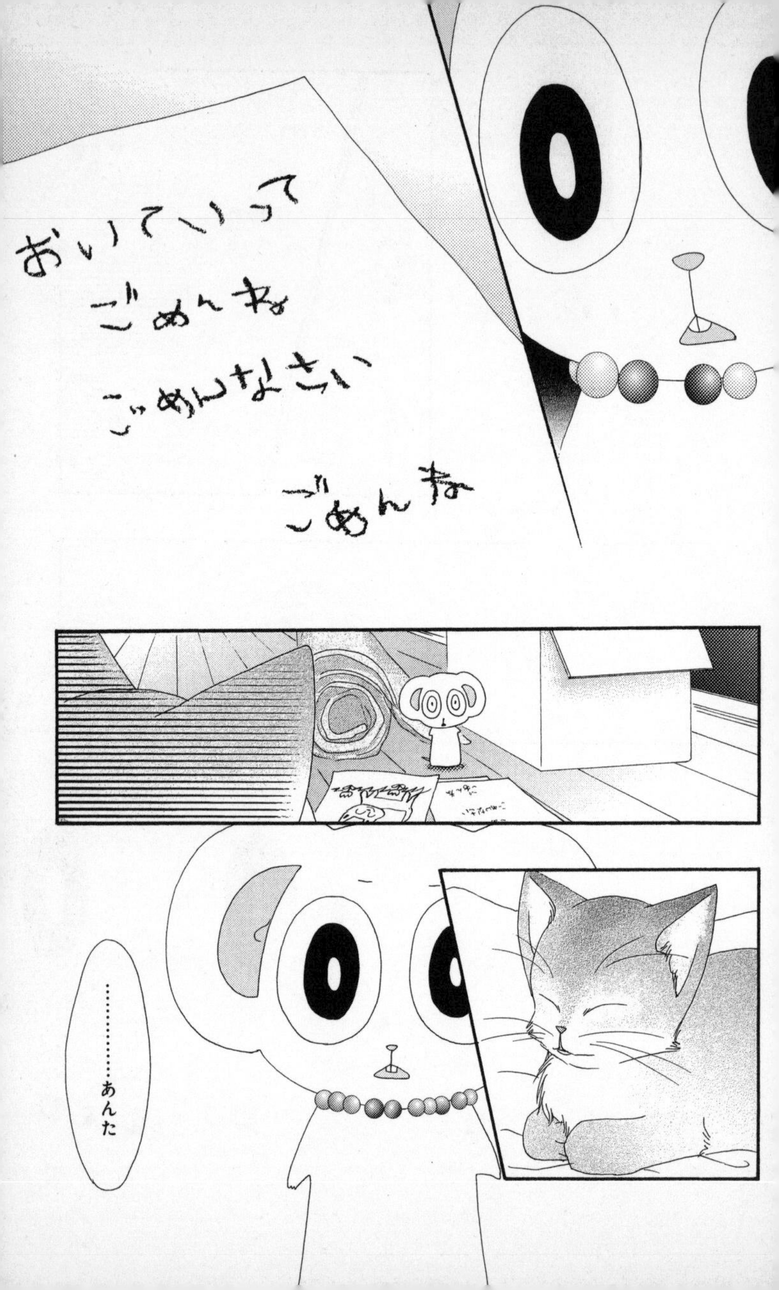
おいていって
ごめんね
ごめんなさい
ごめんね
……あんた

ほほう……
ペラッ
ママ
パパ
パラ…
パラ……
パラ……

ひま
？
小児喘息
治療と環境改善
家庭で出
ぜんそ
監修・桜州会病
………？
…ここ？
…いき？
は？？

けっこう ひとり暮《ぐ》らし 長《なが》いの？
ていうか いつも こんな食事《しょくじ》 してんの？
栄養《えいよう》 かたよる よ——…
……テ
スタ スタ
スタ スタ
テレビ!! テレビでも 観《み》よっかな——
ない。
…………
チラッ

ただいま――っ!!
し―――ん
あっ
スタ
スタ
いっ…
い――よな――
ひとり暮《ぐ》らしって
気《き》ままで――

いそげー
いそげー
……
わっ!!
ビックリ!!
なんだよ見《み》てんじゃねーよ!!
じー
追っかけてもきてくれない…
じー
……
もっ
もう帰《かえ》るぞ猫《ねこ》っ!!
オレはもうアメなんかの世話《せわ》にはなんねぇ!!
あんたん家《ち》部屋《へやあ》空《す》いてるだろ!! 住《す》まわせてくれっ!!
やー!!
オレは自由だー!!
ざまみろー!!
シュルルルル
こんな格好でやってこられっか〜

……シャツ……
ごめんね……
あ？
ボロボロ……
べ…弁償《べんしょう》するから……
ぶっ
…バア〜カ

人形《にんぎょう》相手《あいて》にマジゲンカ
ぶふっ
ニコリ
手負《ておい》いなのに手《て》上《あ》げるし!!
あっ…あれはっっ全然《ぜんぜん》力《ちから》入《い》れてないもん!!
すっごい軽くポフッて!! ポフ!!
ーうはは
オレアメがあんなでけェ声《こえ》出《だ》してんの初《はじ》めて見《み》たわ
いい友達《ともだち》できてよかったな
アメのダチじゃあ!!

たっ
あ
おい オレらも急《いそ》がねェと また ニコリ見失《みうしな》うぞ
え あ… うん…
あっ 待《ま》って緑《みどり》 この人形《にんぎょう》…… 持《も》って帰《かえ》って直《なお》さなきゃ…
お？ おお
んじゃ あっちのダンボールに入れてっか
ふっ
つーか……

アメちゃん
来《き》たよっ!!
……ニコリのこと…
助《たす》けてくれたの？

あたしが ちゃんと 直《なお》してあげてれば……
…………
……まーよー おめーは そーゆーけどよ
ニコリにしてみりゃ そんなん どーでも よかったんだろ
首《くび》とか おわるとか
自分《てめェ》の飼《か》い主《ぬし》の ピンチに考《かんが》えて らんねエだろ

……………っ……
たっ
あっ ニコリっ
すったたー
おい アメ あんな言《い》い方《かた》…
わっ
…………っ だってっ 自分《じぶん》が どんだけ 脆《もろ》いか わかって ないんだもん!!
ううう
あ・・・ うん そーだね
ーえと・・・
くっ…… 首《くび》だってっ……

オレ……
人形《オレ》は何個《なんこ》もあるからいいけど…
なくなったらまた作《つく》ればいいけど
アメちゃんは1個《こ》しかないじゃんか……
アメちゃんはアメちゃんしかいないじゃんかっ

アメちゃんだって背《せ》中《なか》……
……人間《にんげん》はっケガしたって治《なお》るのっ
人形《にんぎょう》は燃《も》えちゃったらおわっちゃうじゃない!!
……そんな……
そんなん人間《にんげん》だっておわっちゃうじゃないかっ……

……来《く》るなって
言《い》ったじゃないっ
……そんな……っ
首《くび》までとれて……
火《ひ》にまで
飛《と》び込《こ》もうとして
自分《じぶん》も燃《も》えちゃうって
わかんないの⁉
……ア

大《だい》丈《じょう》夫《ぶ》!?
ポフッ

なにそれ!!
え……
なに？結局《けっきょく》オレら
あいつの趣味《しゅみ》に
巻《ま》き込《こ》まれただけ？
ふざけんなよ
このままおわれるかっ!!
こちとら半裸だぞ!!
いやー
でもオレら
べつに人形《にんぎょう》に
キョーミねーし
……
悪《わり》ーけど…
ハラへったし…
待《ま》っ…
じゃーなー
ドサッ
……わっ
アメ!?
なんだ!?
アメちゃん!?
どうしたの!?
どっか
痛《いた》いの!?
あっ
背中《せなか》!?

ほ……
ほんとに……っ
ううっ
ガーラ
うわぁあああああああああ
バーンッ
ブォオオオォ
あっ!!
オレの車《くるま》!!
まって
………な

人形《にんぎょう》がしゃべるわけないじゃん!!
…ほんとにしゃべったんだっ

…違《ちが》うっ
つってんだろ!!
ボソッ
マジかよ……
ぶっ
ぷぷっ
ていうか自分《じぶん》も
人形《にんぎょう》に話《はな》しかけて
たんじゃ……
ぷぷっ
引《ひ》くわ――
ぷぷぷ
バカじゃ
ね――の!?
違《ちが》……
大丈夫《だいじょうぶ》かよ
おまえ……
こいつ
変《へん》だぜ――!!
……違《ちが》う……
うそつき
やべーよ

それでオレを呼《よ》び出《だ》したんだ？
オレに会《あ》いたくて？
…え？
ただ ニコリを生《なま》で見《み》たかっただけ……？
ちっ…違《ちが》……
なーなー ほんとに人形《にんぎょう》の声《こえ》聞《き》いたの？ いつ？

はあ……
はぁ……
……あんた もしかして
人形《にんぎょう》の声《こえ》聞《き》いて
人《ひと》に言《い》って
バカにされて
笑《わら》われて しまいにゃ
変人扱《へんじんあつか》いされたこと
あんの？
一えっ？
あ～～～ それでか～～～～

どーせ なんか
細工《さいく》でもしてあんだろ
人形《にんぎょう》が
しゃべるわけ
ねんだよ
そんな話《はなし》
だれが信《しん》じる!!
……人《ひと》に言《い》ったって
バカにされて
笑《わら》われて…
しまいにゃ
変人《へんじん》扱《あつか》いされて
おわりなんだよ!!

なにが入《はい》ってんのこん中《なか》に
…ニコリ!!
やめて放《はな》…
うるせえ!!
なにがしゃべる人形《にんぎょう》だ!!

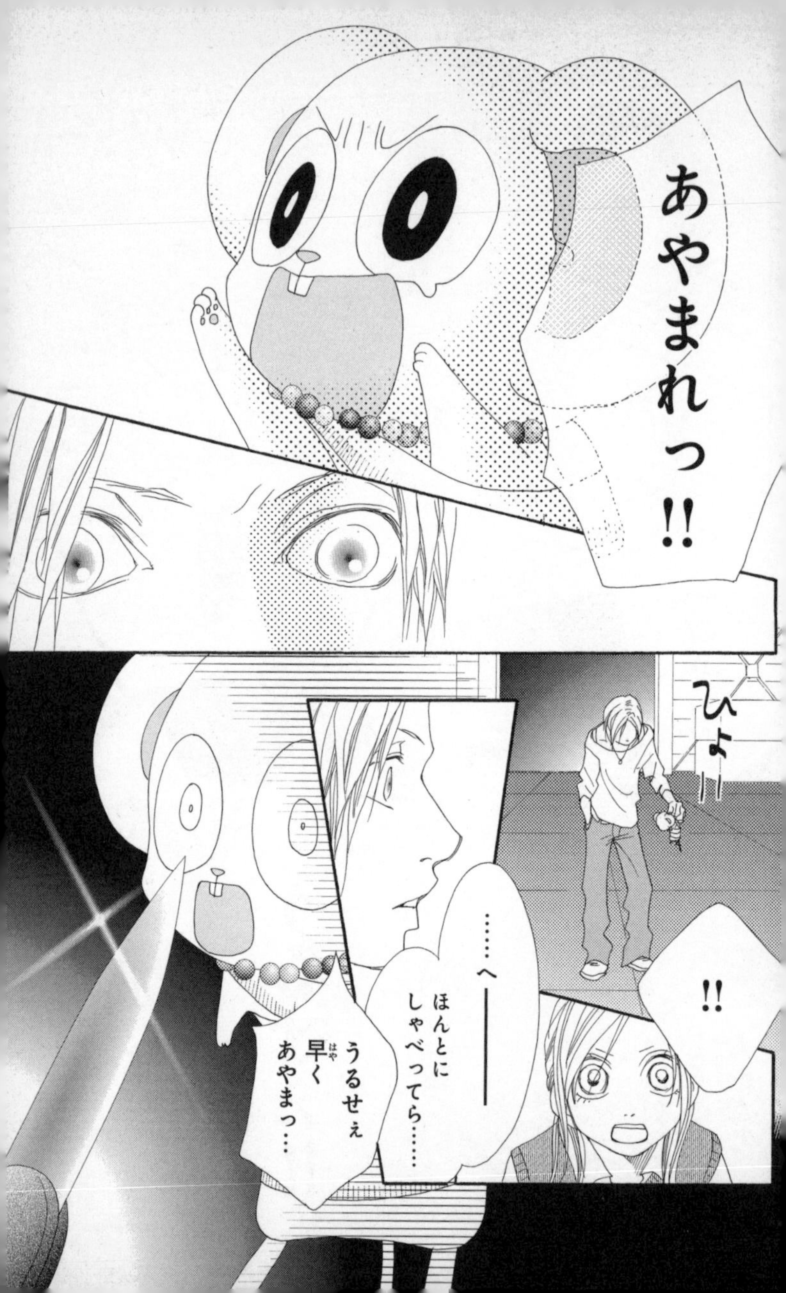
あやまれっ!!
ひょー
……へ——
ほんとにしゃべってら……
!!
うるせぇ早《はや》くあやまっ…

はっ
!!
……なにしてくれとんじゃあ!!
ポカポカポカポカポカポカ
ムッ
あやまれっ!!
ニコリ!!
おまえアメちゃんにあやまれよっ

なんだてめェは!!
アメのダチじゃあ!!
てめェらこそなんだっ
緑《みどり》!!

ズシャアアッ
!!
ばっ
……み
緑《みどり》!?
なんで……
おい
コラァ
ばしばし
ばしばし
だんだん

アメちゃん!? アメちゃ……

ドギッ
……熱《あっ》……
ア

Stage : 6

ミニマ
minima!

アメちゃん来《き》たよっ!!

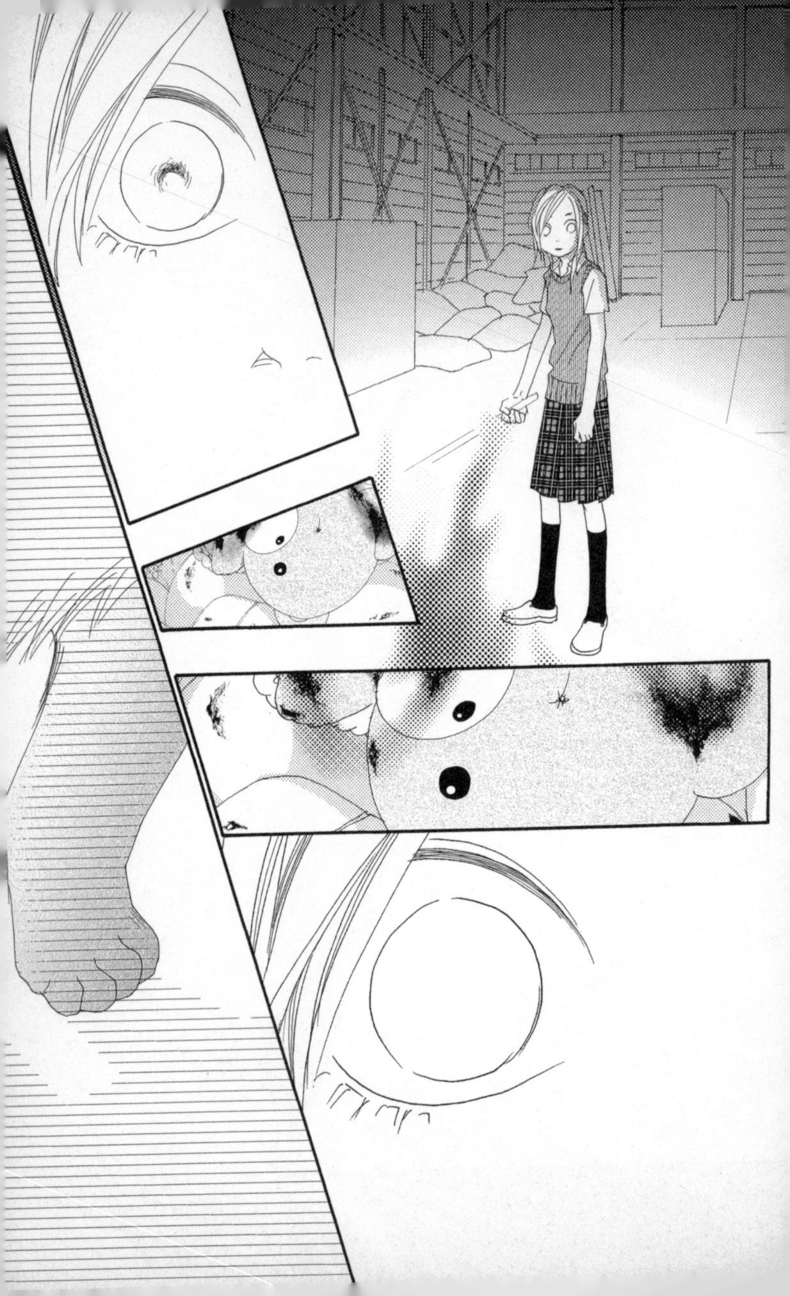

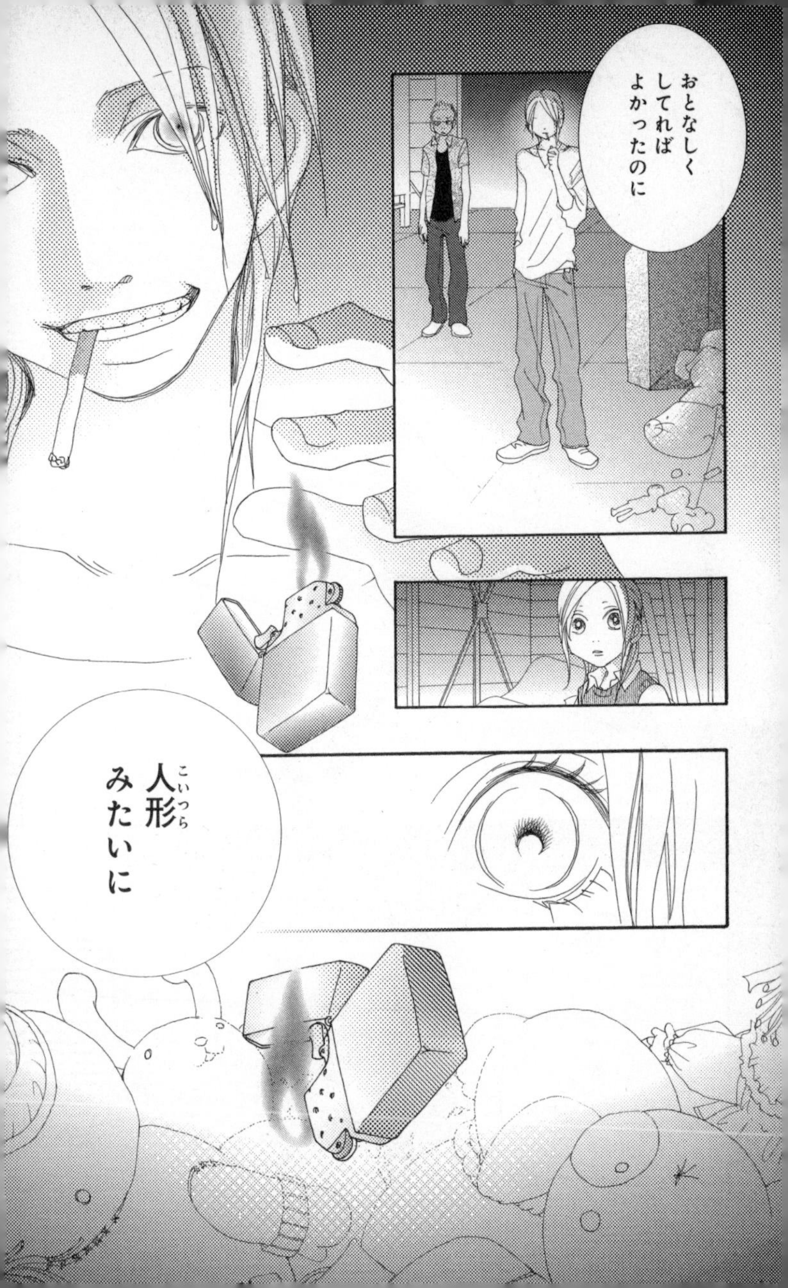
おとなしくしてればよかったのに
人形《こいつら》みたいに

………っ
ブーン
ブーン
あっぶ…
あぶねっ
あぶね……
カキーン
……おとなしそーな
カオして……

ドザァ
……あ!?
えっ!? あれ!? なんで!?
待《ま》てっ……
うおっ
わあ!!

…………？
起きたか？
おいっ なにブツブツ言《い》って……
ドン
ガバッ
!?
あれ!?

……ほどいてくれたの……？
ぎゅう…

…………
あれ？
あたし
手《て》……
縛《しば》られてた
……の……
に………

ソレと一緒《いっしょ》に
そん中《なか》 つっ込《こ》んどけ
首《くび》もげて しゃべんなくなっちゃった……
…………っ……
うっ
………
ぐすっ
ニコリ……

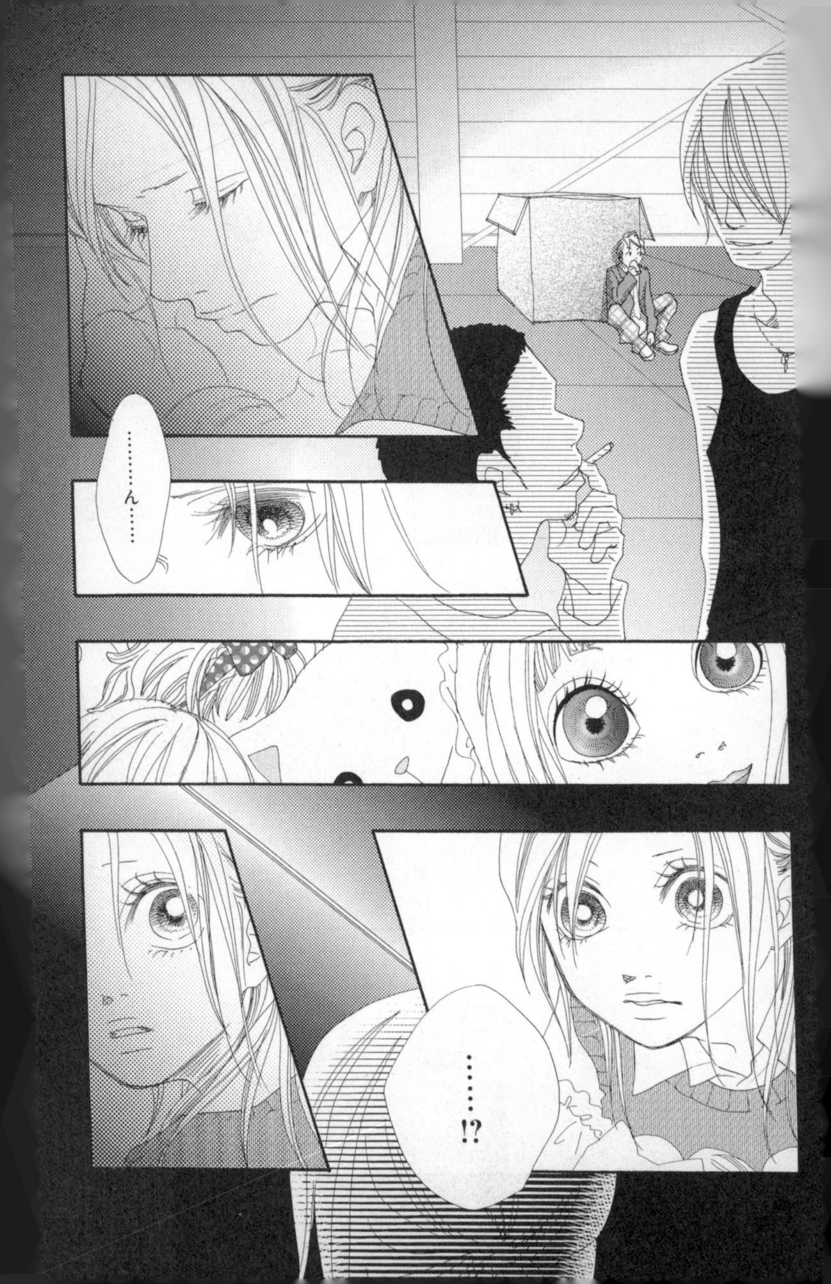
………ん……
……!?

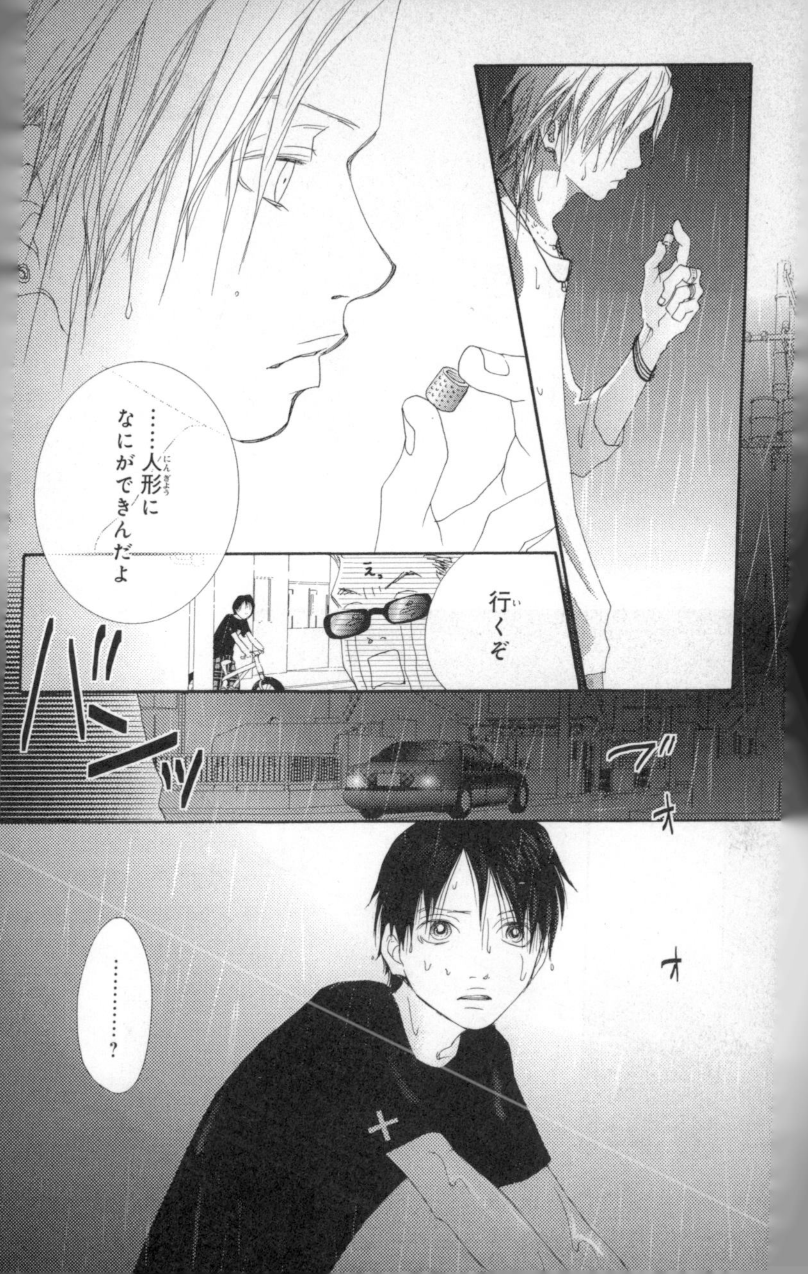

……人形《にんぎょう》に
なにができんだよ
行《い》くぞ
えっ
バンッ
ブォォ
……………?

……あれ!? いねぇ!!
たしかに ここで 捨《す》てたのに……
なんで!?
……
はっ
きっ…きっと 復讐《ふくしゅう》しに くるんだ!
ぎゃあああ

オレが助《たす》けなきゃ
つるっ
!!
ザァァァ
……………
途方…
そもそもオレはどこへ向かっているの….
パシャ……

首《くび》がもげようが
ずぶ濡《ぬ》れになろうが
風邪《かぜ》もひかないし
人形《オレ》は死《し》なないから

たっ
じゃあな 猫《ねこ》!!
サアアアアアア
たとえ

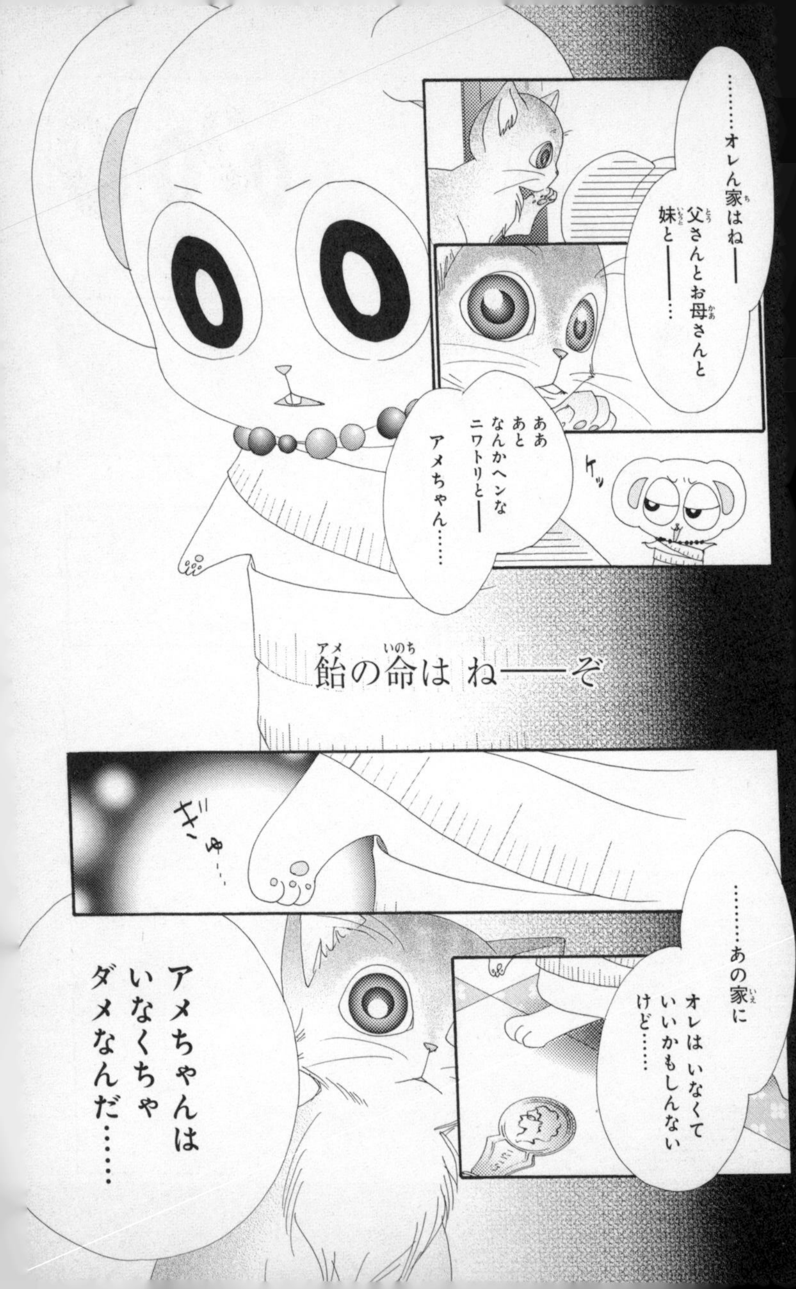
……オレん家《ち》はね── 父《とう》さんとお母《かあ》さんと 妹《いもうと》と──……
ケッ
ああ あと なんかヘンな ニワトリと── アメちゃん……
飴《アメ》の命《いのち》は ね──ぞ
ぎゅ…
……あの家《いえ》に オレは いなくて いいかもしんない けど……
アメちゃんは いなくちゃ ダメなんだ……

クリームパン
……あんた ひとりで 住《す》んでんの？
ひとり 暮《ぐ》らし？
……

どうしよう!! アメちゃん助《たす》けに いく途中《とちゅう》 だったのに!!
車《くるま》から 落《お》っことされ ちゃうし!! 場所《ばしょ》わかん ないし!!
だから第一声で どこやねん!!
つーか あのガキャ 人《ひと》のこと ぶったたいて 首飛《くびと》ばしてくれたうえ 放置《ほうち》かえ!!
許すまじ!!
ガッデム!!
カラン
はぐ はぐ
……あ
お食事《しょくじ》の 時間《じかん》でしたか
コリャ失礼…
ていうか ここ あんたん家《ち》?
留守番《るすばん》? ホームアローン?
お家《うち》の 人《ひと》は……

待針《まちばり》の仮留《かりどめ》
マジあせった
マジ死ぬかとマジ思った
マジホラー!!
あせったー!!
……あっ……
ビ――ン
バ――ン
ありがとよ猫《ねこ》!!
Thank You!!
マジ助《たす》かった!!
は〰〰よかった〰〰
wonderful!! fantastic!!
って、よくねーよ!!

ちょいちょいちょいちょい待《ま》っ…
ゴロゴロゴロゴロゴロゴロゴロゴロゴロゴロ
ちょいちょいちょいちょいちょいちょいちょいちょい
……あ…
あーーっ
あった!!
ちょっと!!
おいっ
あれっ!!
あれあれ!!
あっちまで
連《つ》れてって!!
There!!
………
ちょいっ
そう!!
そう
そう
そう!!
コロン
コロン
コローン
good!!
very good!!
nice!!

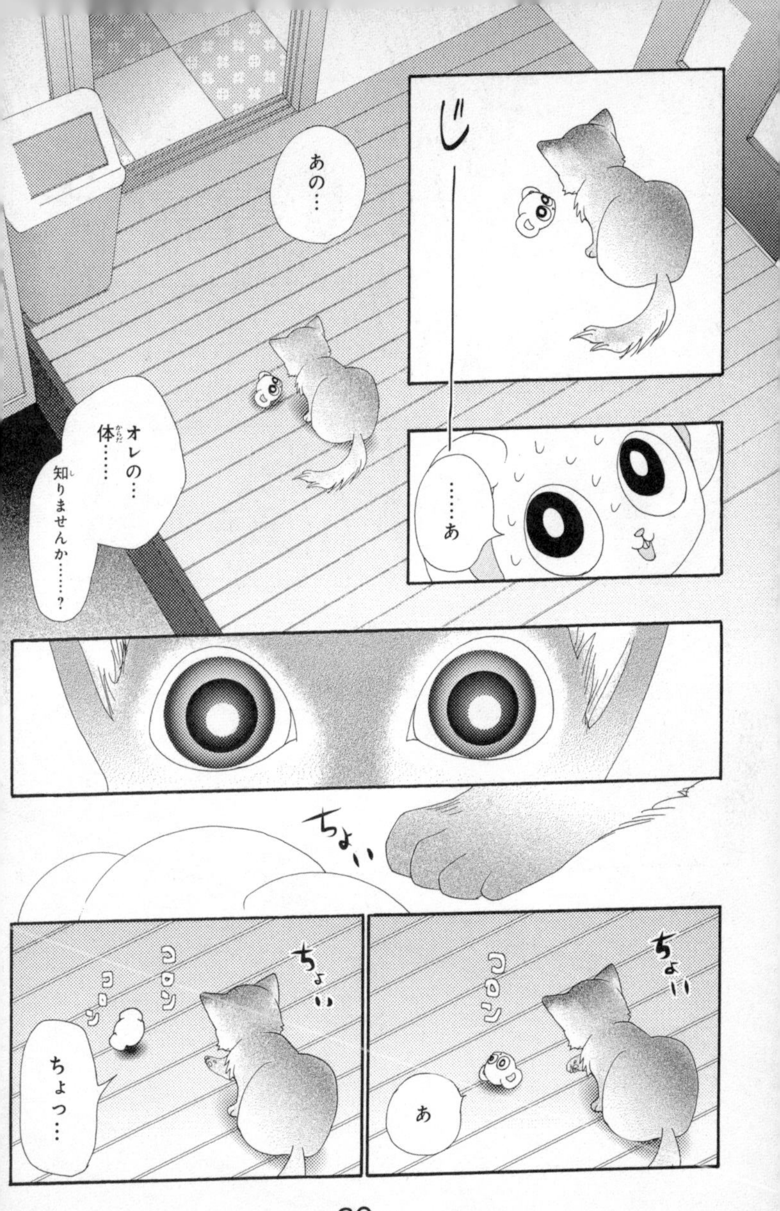
あの…
オレの…体《からだ》……知《し》りませんか……?
じー
……あ
ちょい
ちょい
コロン
あ
ちょい
コロン
コロン
ちょっ…

キョロ
キョロ
キョ

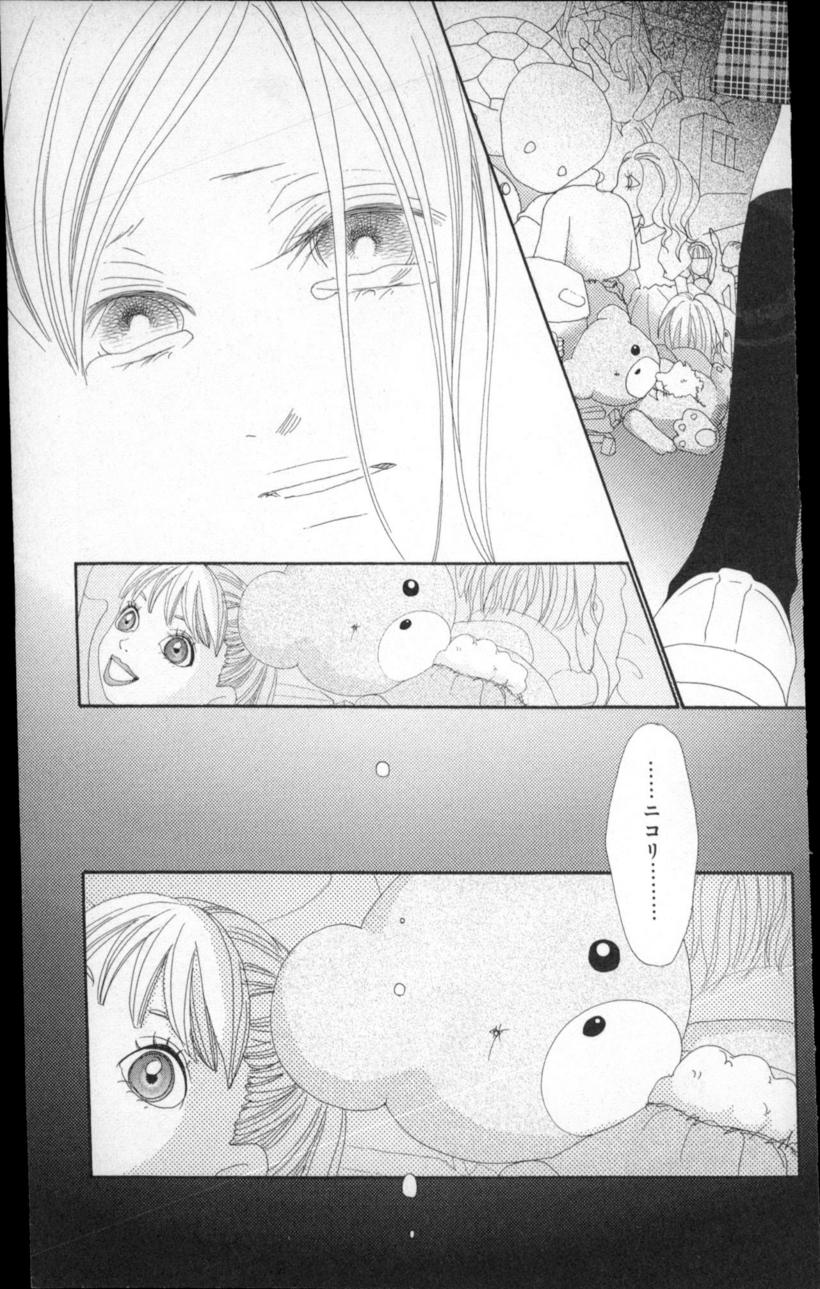
……ニコリ………

……
「早《はや》く直《なお》さないと」?
「死《し》んじゃう」ってか?
「人形《にんぎょう》」が
大丈夫《だいじょうぶ》かよ
この子《こ》……
オイ
そいつ ソレと一緒《いっしょ》に
そん中《なか》 つっ込《こ》んどけ
うるせーから
オイてめェ
「ニコリ」捨《す》てた
とこ 案内《あんない》しろ
えっ!?

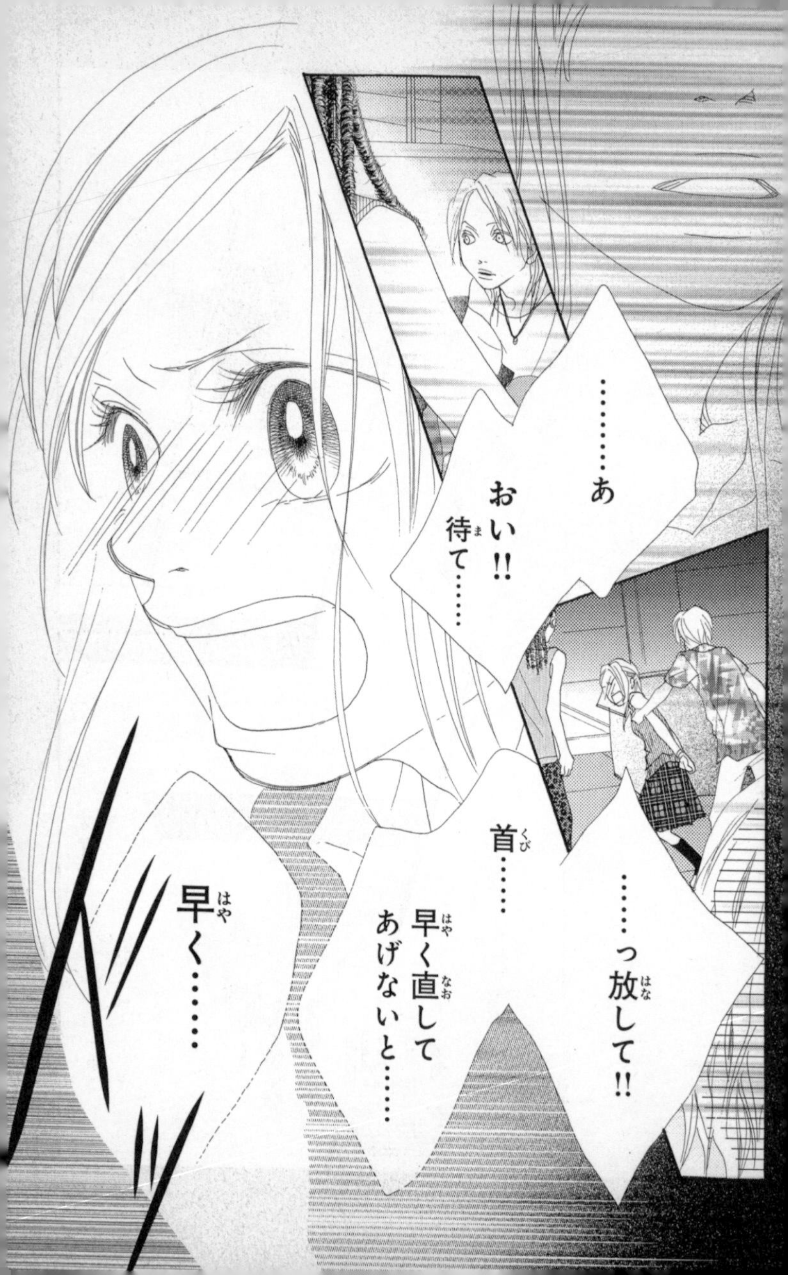
……あ
おい!!
待《ま》て……
……っ放《はな》して!!
首《くび》……
早《はや》く直《なお》して
あげないと……
早《はや》く……

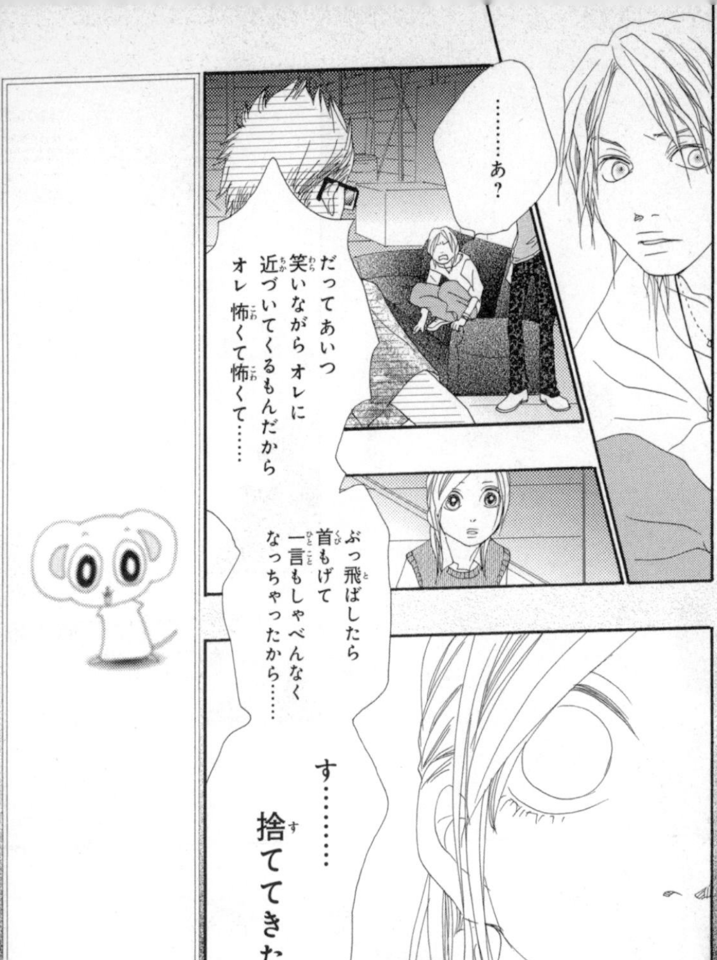
……あ？
だってあいつ笑《わら》いながらオレに近《ちか》づいてくるもんだからオレ怖《こわ》くて怖《こわ》くて……
ぶっ飛《と》ばしたら首《くび》もげて一言《ひとこと》もしゃべんなくなっちゃったから……
す……
捨《す》ててきた……

「ニコリ」は？
……く……
首《くび》もげた………

人形《にんぎょう》1匹《ぴき》連《つ》れてくんのに どんだけかかってんだよ
こっから そんな遠《とお》く ねーのにな
……………
ブオオオ
……あ
やっと来た
おっせーよ!!

ガシャーン
……つっても…
どこ捜《さが》しゃ
いんだよ……
どこだ
アメ――!!
ジャッ
……チッ
おっせ～～な――
あいつ……

……柾浩《まさひろ》……
さっきの話《はなし》だけど——……
カチャ…
わかってるよ
最初《さいしょ》から
決《き》まってたこと
だし
……緑《みどり》っ
待《ま》ってよ
捜《さが》すなら
あたしも……
女《おんな》は
待《ま》っとけ!!

……なんかあってから騒《さわ》いだんじゃ遅《おせ》ェだろ!!
ガッチャンッ
ッ――
……
……柾浩《まきひろ》?
どうした?
……友達《ともだち》か……?
……なんでもない
……

誘拐《ゆうかい》？
マサヒロはオレのブレーンだろ!?
どうしよう!! どうしたら!?
……とりあえず落《お》ちつけって緑《みどり》
警察《けいさつ》には通報《つうほう》したんだろ？
バカッ!! こーゆーとき通報《つうほう》したら人質《ひとじち》って殺《ころ》されちまうんだぞ!?
………
及川《おいかわ》の家《いえ》の人《ひと》は？
言《い》ってねェよ!! 心配《しんぱい》すんだろ!!
ていうか いうの忘れてたっ
じゃあ家《いえ》の人《ひと》に通報《つうほう》してもらって家《いえ》で待機《たいき》しとけよ
オレらが騒《さわ》いでたってしようがないだろ

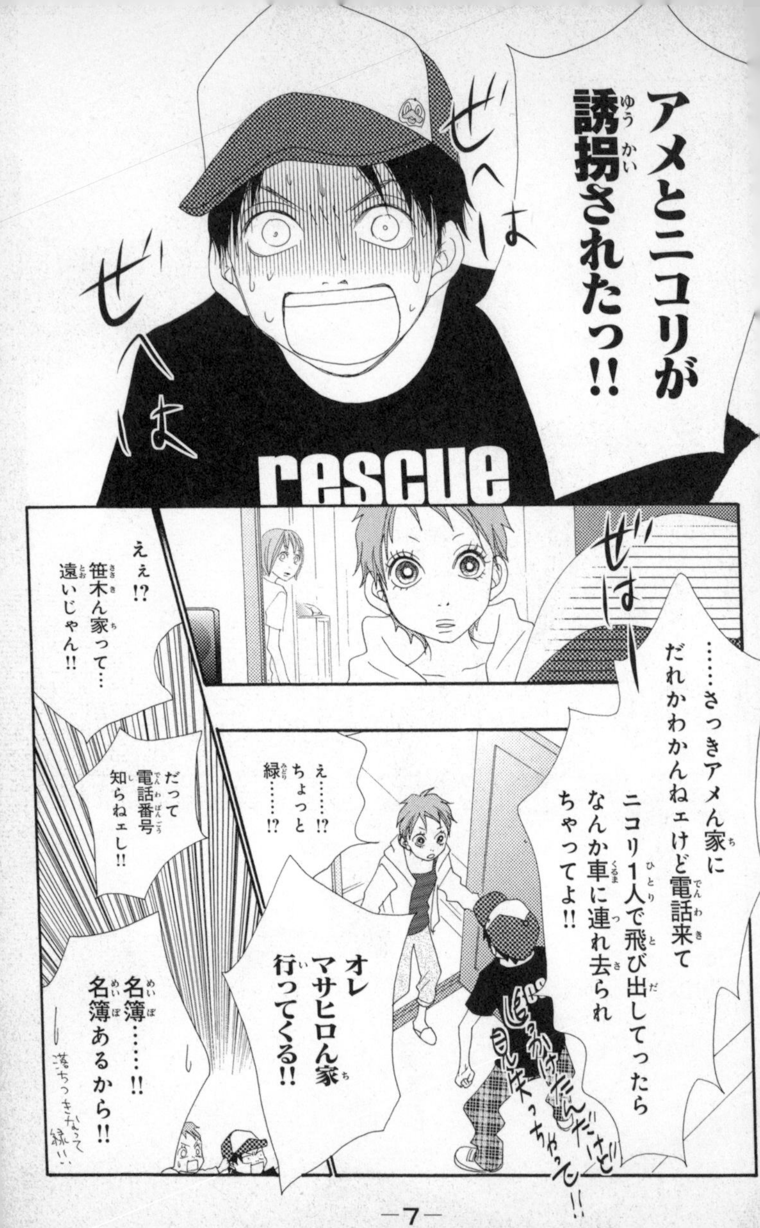

アメとニコリが誘拐《ゆうかい》されたっ!!
ぜへは
ぜへは
ぜは
……さっきアメん家《ち》に だれかわかんねェけど電話《でんわ》来《き》て ニコリ1人《ひとり》で飛《と》び出《だ》してったら なんか車《くるま》に連《つ》れ去《さ》られ ちゃってよ!!
ええ!? 笹木《ささき》ん家《ち》って… 遠《とお》いじゃん!!
追っかけたんだけど見失っちゃって!!
え……!? ちょっと 緑《みどり》……!?
オレ マサヒロん家《ち》 行《い》ってくる!!
だって 電話番号《でんわばんごう》 知《し》らねェし!!
名簿《めいぼ》……!! 名簿《めいぼ》あるから!!
落ちつきなって緑!!

ヒタ…
はぐ
ヒタ
ヒタ

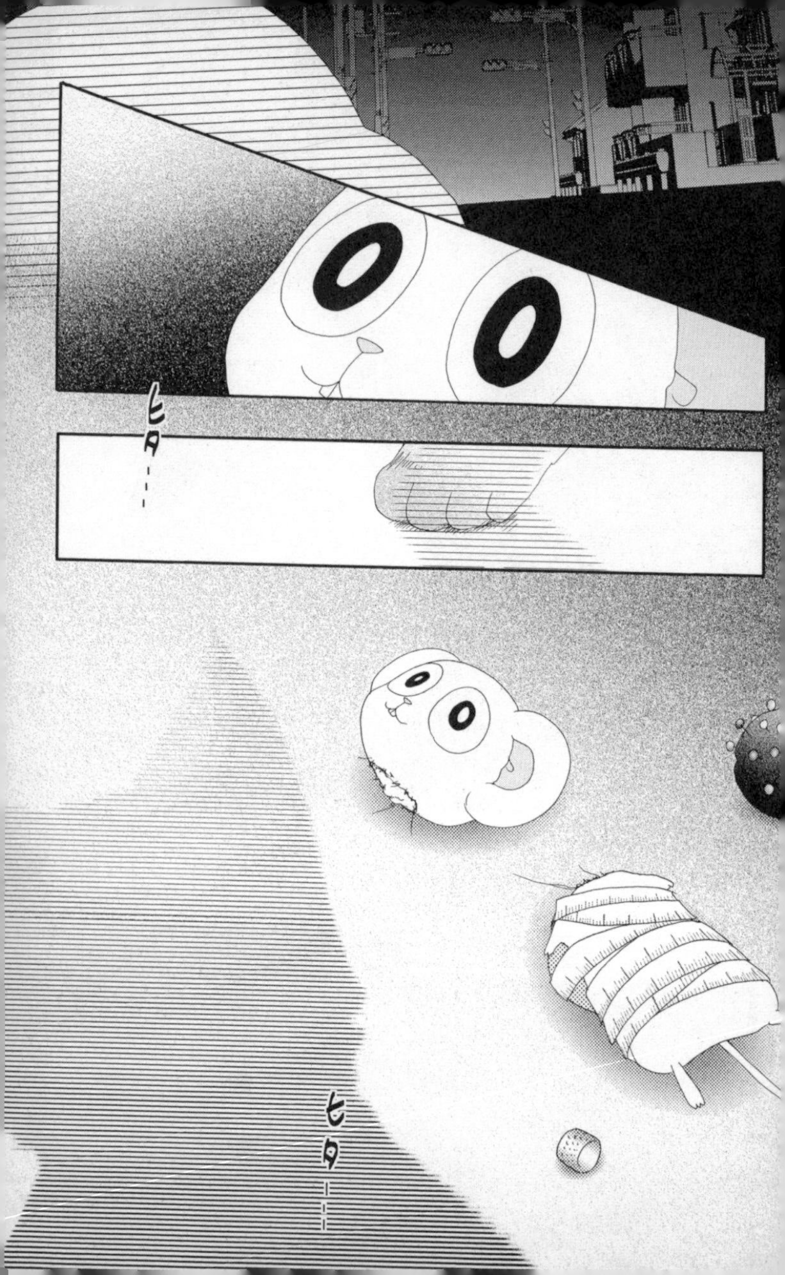
ヒタ…
ヒタ…

Stage : 5

これまでのおはなし

★遊園地《ゆうえんち》でアメが出会《であ》ったぬいぐるみ, ニコリは, しゃべって動《うご》ける不思議物体《ふしぎぶつたい》。世間《せけん》の話題《わだい》をいっぺんにさらったニコリ狙《ねら》いの誘拐犯《ゆうかいはん》も現《あらわ》れた。連《つ》れ去《さ》られたアメを助《たす》けようとしたニコリは… 首《くび》が!!!??

minima《ミニマ》!
キャラクター紹介《しょうかい》
チキン
大人気《だいにんき》キャラクターでニコリのライバル?
ニコリ
人気薄《にんきうす》なキャラクター。しゃべれます
飴 −アメ−
おもちゃ大好《だいす》き中学《ちゅうがく》1年生《ねんせい》。
緑 −ミドリ−
アメの幼《おさな》なじみのガキ大将《だいしょう》。
圭 −ケイ−
性格男前《せいかくおとこまえ》なクラスメート。
笹木 −ささき−
クラス一番《いちばん》のモテ系男子《けいだんし》。アメ、現在片思《げんざいかたおも》い中《ちゅう》。

2

桜《さくら》井《い》まちて

minima《ミニマ》!